Marie-Antoinette

MW01712266

ANNE-SOPHIE SILVESTRE

Marie-Antoinette

Le Printemps du règne

Flammarion

© Flammarion, 2008
87, quai Panhard-et-Levassor – 75647 Paris cedex 13
ISBN : 978-2-0812-1097-4

En avril 1770, Marie-Antoinette de Lorraine-Habsbourg, âgée de quatorze ans et demi, quitte l'Autriche et épouse le dauphin Louis-Auguste de France, qui va en avoir seize.

À Versailles, Marie-Antoinette découvre sa nouvelle famille. Une famille curieusement constituée. Pendant les années récemment écoulées, des décès successifs ont laissé beaucoup de places vides.

De la grande famille royale de France, il ne reste que le roi, ses filles et cinq enfants. Le vieux roi Louis XV est veuf. Ses filles, Mesdames de France, sont proches de la quarantaine ; elles ne se sont pas mariées et n'ont jamais quitté Versailles. Les petits-enfants du roi sont cinq frères et sœurs âgés de sept à seize ans. Leurs parents, le fils de Louis XV et sa belle-fille, sont morts trois ans plus tôt.

Louis, l'aîné, le dauphin, le mari de Marie-Antoinette, est un adolescent grand et fort, secret et silencieux. Le cadet, le comte de Provence, est cultivé, beau parleur et brillant en société ; mais il est de santé fragile, trop gros et facilement malade. Le troisième, le comte d'Artois, est un farfadet joli, insolent et drôle, l'enfant chéri de la cour. Clotilde, à onze ans, est une adolescente renfermée et solitaire qui se remet mal de la mort de ses parents ; elle aussi est trop grosse et souffre de cette obésité. La dernière est la petite Élisabeth, une enfant de sept ans, vive et rieuse.

Mais Marie-Antoinette fait aussi à son arrivée la connaissance d'une flamboyante personne : la comtesse du Barry, la favorite du roi. Et elle découvre que la cour est divisée en deux camps : d'un côté les amis de Mme du Barry, et de l'autre ses adversaires.

Marie-Antoinette, encouragée par son jeune mari et ses nouvelles tantes, se retrouve à la tête du combat contre la du Barry. Son arme principale est de ne jamais lui parler. Ce dédain se montre efficace et fait beaucoup souffrir la favorite, car, dans un endroit comme Versailles, être ignorée par la dauphine est une pénible humiliation. Mais un jour le roi, fatigué de ces disputes, fait transmettre à Marie-Antoinette l'ordre formel d'adresser la parole à sa compagne. Marie-Antoinette obéit. Elle prononce à l'intention de Mme du Barry une remarque banale sur la foule qu'il y a ce jour-là au château et se tait ensuite avec encore plus de résolution.

Quatre personnes entourent Marie-Antoinette et essaient de l'aider à naviguer dans un endroit aussi compliqué que Versailles.

D'abord sa mère, l'impératrice Marie-Thérèse d'Autriche, qui depuis Vienne se fait tenir au courant de tout ce qui concerne sa fille et tente de la diriger au moyen de longues et fréquentes lettres. Puis le comte de Mercy-Argenteau, l'ambassadeur d'Autriche à Paris, l'homme de Marie-Thérèse. Ensuite, l'abbé Vermond, qui fut le professeur de français de Marie-Antoinette en Autriche, et l'a accompagnée à Versailles avec la fonction de « lecteur de la dauphine ». Avant le départ de Vienne, l'impératrice est parvenue à convaincre Vermond de communiquer avec elle en secret « pour le bien de Marie-Antoinette ». Vermond, après beaucoup de réticences, a accepté. C'est Mercy-Argenteau qui sert d'intermédiaire entre Vermond et l'impératrice.

Enfin, Marie-Antoinette, bénéficie du dévouement de Mme de Noailles, sa première dame d'honneur, qui a la fonction d'une sorte de tutrice. Mme de Noailles est une des rares personnes de la cour à n'être ni dubarryste ni anti-dubarryste. Son clan, c'est celui de Marie-Antoinette.

Chapitre 1

UNE PRINCESSE VENUE DES MONTAGNES

– Voulez-vous savoir la nouvelle que le roi nous a dite tout à l'heure ?

– Je crois que je la connais déjà, Altesse.

La dauphine, un œil à demi fermé, considéra son professeur afin de deviner s'il disait vrai ou s'il la faisait marcher. Ce fut peine perdue, quand il le désirait l'abbé Vermond pouvait se rendre impénétrable. À l'instant présent, son regard contenait un soupçon de moquerie, mais c'était fréquent chez lui et cela pouvait vouloir dire l'un ou l'autre.

– Vous ne savez rien du tout, déclara Marie-Antoinette. Vous faites semblant pour avoir l'air toujours au courant avant les autres. Le roi nous a bien dit à mes tantes et à moi que nous étions les premières à l'apprendre.

– Sans doute, mais il y a déjà au moins une demiheure de cela. Quelqu'un dans l'entourage de vos tantes a écouté et transmis cette nouvelle audehors. Vous savez comme les bruits circulent à Versailles... Celui-là est arrivé dans cet appartement vingt minutes avant vous. Je n'ai même pas eu à sortir de cette pièce pour l'apprendre. Vos dames d'honneur, par leurs exclamations, ont eu la complaisance de me renseigner à travers la cloison. Il est vrai que tout le monde attendait cette décision du roi.

Louis XV était un homme d'habitudes. Chaque matin, vers dix heures, il descendait dans l'appartement de Mesdames ses filles pour partager son café avec elles, où Marie-Antoinette venait les rejoindre. Il était profondément maniaque sur la façon dont son café devait être préparé et le faisait confectionner sous ses yeux dans son appartement. Il descendait ensuite les escaliers en portant lui-même sa cafetière d'argent.

– Alors, poursuivit Marie-Antoinette, vous savez quelle fiancée le roi a choisie pour le comte de Provence ?

– Si les divers cris de vos dames sont fondés, il s'est décidé pour la princesse de Savoie.

Plusieurs princesses – une Allemande, une Espagnole et l'aînée des filles du duc de Savoie –

avaient été pressenties pour épouser le frère du dauphin. La Savoyarde était donnée favorite car tout le monde savait que le cœur de Louis XV appartenait à la Savoie ; sa maman avait été une princesse venue de Savoie... Mais rien n'était joué d'avance ; le roi pouvait obéir à d'autres impératifs ; les parents des deux côtés et leur armada de diplomates pouvaient ne jamais parvenir à se mettre d'accord. Jusqu'à l'annonce officielle, toutes les surprises étaient possibles. Il y avait même des gens qui prenaient des paris. Mais, aujourd'hui, donc, le choix était fait. L'élue était Marie-Joséphine de Savoie.

– Elle a dix-sept ans et demi, continua Marie-Antoinette. Le roi dit qu'elle est jolie et agréable.

Il y avait de la méfiance dans ces mots. Dix-sept ans et demi, c'était presque deux années de plus que Marie-Antoinette. Bien entendu, par le rang, la nouvelle comtesse de Provence se trouverait au-dessous de la dauphine. Mais elle serait l'aînée. Et si, grâce à l'avantage déloyal que lui conférait ce grand âge, elle se révélait supérieure en maturité, charme et culture ?

– Le roi, dit Vermond, a choisi cette princesse parmi d'autres. Il ne va pas expliquer aujourd'hui qu'il l'a spécialement retenue parce qu'elle est laide et bête... Et puis, vous savez, Altesse, les jeunes filles de dix-sept ans sont rarement désagréables de leur personne.

– Je ne sais pas pourquoi le roi l'a choisie, elle... Elle est bien trop vieille pour Provence. Il a quinze ans et demi.

– « Vieille » est beaucoup dire.

– Dix-sept ans et demi ! Je ne sais pas ce qu'il vous faut !

– Je sais qu'à votre âge, une année semble très longue. Dans quelques années, le temps qui vous sépare vous semblera plus relatif.

– De toute façon, trancha Marie-Antoinette sans entrer dans cette considération philosophique, je sais déjà qu'elle me déteste.

– Tiens donc ! Et sans vous avoir jamais vue...

– Mes tantes me l'ont dit. C'est elle qui devait épouser le dauphin. Et puis le roi a changé d'avis, et on m'a choisie, moi. Elle doit penser que je lui ai volé sa place.

– Cela, vous me l'apprenez. Cependant, si ce qu'on vous a dit est vrai, ces décisions ont dû être prises quand vous aviez toutes les deux six ou sept ans. Vous n'avez ni l'une ni l'autre de responsabilité dans ces choix.

– Sans moi, elle serait la dauphine.

– J'ai un doute sur la façon dont vos tantes vous ont présenté les choses.

– Vous avez toujours un doute sur ce que disent mes tantes.

– Toujours, oui. Par précaution. Elles racontent l'Histoire de la façon qui les arrange. Et aujourd'hui, manifestement, ce qui les arrange, c'est de vous brouiller avec votre nouvelle belle-sœur avant même que vous ayez fait connaissance.

– Vous voulez toujours voir de mauvaises intentions chez mes tantes.

– Et j'ai en général raison.

– Vous aviez promis de ne plus dire de mal d'elles[1].

– Ce sont elles qui recommencent à essayer de vous nuire, cela me délie de ma promesse.

– Me nuire... Elles m'aiment beaucoup, pourquoi feraient-elles cela ?

– C'est vrai, elles vous aiment, je vous l'accorde. Mais pas au point de ne pas vous faire de tort si leur égoïsme le commande.

– Pourquoi voudraient-elles me fâcher avec ma belle-sœur ?

– Elles sont des pleutres. Elles ont peur de toute nouvelle personne qui entre dans la famille royale. Un nouvel arrivant, même une jeune fille seule et intimidée comme le sera sans doute cette princesse

1. Voir *Marie-Antoinette, À la cour de Versailles* (tome 2).

de Savoie, ce peut être une menace pour leur petit despotisme.

– Vous vous exagérez leurs défauts.

– Cette fois-ci, je ne le crois pas, Altesse. Leur calcul est évident : imaginez que votre belle-sœur et vous, vous entendiez bien, leur influence risque de partir en fumée. Donc, par prudence, elles préfèrent vous monter préventivement l'une contre l'autre. Quitte à vous priver d'une amie de votre âge... D'ailleurs, ça marche. Observez-vous : vous éprouvez déjà des sentiments hostiles envers la comtesse de Provence.

– Hostiles... Vous tenez vraiment à noircir les choses.

– Disons méfiants, si vous préférez. Vous qui avez tant regretté de quitter vos sœurs, cela ne vous fait pas plaisir d'en retrouver une ?

La décision du mariage arrêtée, les événements allèrent vite. Des deux côtés, les familles estimaient qu'il était inutile de prendre le risque que l'une d'elles change d'avis. La première étape était celle des mariages par procuration. Celui du comte de Provence eut lieu dans la chapelle de Versailles. Et celui de Marie-Joséphine à Turin dans la chapelle du Saint-Suaire.

Le comte de Provence envoya à sa fiancée son portrait en miniature, monté sur un très joli bracelet. En retour, le comte de la Marmora, l'ambassadeur de Sardaigne[1], apporta à Versailles un portrait de Marie-Joséphine.

Il y eut une sorte de petite cérémonie dans l'appartement de Mesdames, où toute la famille fut invitée à venir admirer le tableau.

– Monseigneur, dit M. de la Marmora au comte de Provence, la princesse Marie-Joséphine m'a prié de vous faire part du bonheur que lui a causé le bracelet envoyé par Votre Altesse. Elle ne le quitte à aucun moment de la journée et ne s'en sépare pour la nuit qu'à regret.

C'était très joliment dit ; peut-être un peu exagéré, mais, dans ces sortes de situations, il était naturel que tout le monde en rajoute, et surtout les ambassadeurs dont c'était la fonction. On déballa le tableau. C'était une peinture médiocre, peinte sans grâce et sans liberté. Sans doute avait-il fallu faire vite, et le portraitiste avait travaillé dans la hâte. La première chose que l'on découvrait était que Marie-Joséphine avait les cheveux d'un brun très foncé, ce qui était un mauvais point, la mode étant aux cheveux clairs. Apparemment, elle avait aussi de beaux yeux noirs qui avaient plu au peintre. Et l'on ne pouvait pas dire grand-chose du visage, dessiné sans caractère ; il n'était ni laid ni joli.

1. Le duc de Savoie était aussi prince de Piémont et roi de Sardaigne. L'usage était de désigner son ambassadeur comme l'« ambassadeur de Sardaigne ».

Le roi, qui semblait sincèrement heureux de voir ce mariage si bien engagé, déclara :

– Monsieur de la Marmora, je trouve ce portrait délicieux. Cette princesse me plaît infiniment.

Encore une fois, en présence de l'ambassadeur, ces compliments étaient la moindre des choses. Toutefois le dauphin, debout derrière son frère, ajouta à mi-voix, assez bas pour que la Marmora n'entende pas ou puisse faire semblant de ne pas entendre :

– Pour moi, je la trouve trop brune... Il ne me plairait pas d'avoir une femme aussi brune.

Provence fit demi-tour sur place et fit face à son frère. Pendant un instant, on eut presque l'impression qu'une gifle allait partir.

– Moi, rétorqua-t-il, je la trouve parfaite. Je n'en voudrais pas d'autre pour femme !

– Tant mieux pour vous ! répliqua le dauphin, narquois. Tout est donc parfait.

Marie-Antoinette, de retour chez elle, raconta à Mme de Noailles la prise de bec qui avait opposé les deux frères.

– Louis s'est mal comporté, je suis très mécontente, dit-elle. Et Provence n'avait pas besoin de répondre... Le roi a entendu, monsieur de la Marmora a entendu, tout le monde a été gêné à cause d'eux... Qu'est-ce qui a pris à Louis ?

Réellement, Marie-Antoinette était irritée contre Louis. Elle se sentait solidaire de tout ce qu'il faisait, et donc humiliée personnellement quand ses manières étaient mauvaises. Elle trouvait, à juste titre, qu'il n'avait pas à lui infliger ces situations gênantes.

Toutefois, en ce qui concernait sa nouvelle belle-sœur, elle ressortait assez contente de cette séance du portrait. Elle n'avait pu s'empêcher de noter avec satisfaction que sa belle-sœur était très brune. C'était un avantage pour elle, Marie-Antoinette, qui était châtain très clair aux yeux bleus. Mais pourquoi, se demandait-elle, Marie-Joséphine ne s'était-elle pas poudré les cheveux avant de poser pour le peintre ? Si, elle, Marie-Antoinette, était affligée de cheveux aussi foncés, elle était bien sûre d'une chose : jamais elle ne prendrait le risque de croiser un être humain sans avoir masqué sa coiffure sous au moins trois livres de poudre claire.

– Ce n'est sans doute rien de bien grave, Altesse... dit la dame d'honneur, répondant à l'interrogation de Marie-Antoinette concernant son mari. Vous savez comment sont les jeunes garçons, vous avez eu des frères, j'ai eu des fils... Ils se chamaillent et s'empoignent pour des riens. Ils sont comme de jeunes animaux batailleurs. Mais cinq minutes après, ils ont déjà tout oublié et sont à nouveau amis, et prêts à recommencer.

Marie-Antoinette approuva. Cette analyse du caractère masculin lui parut raisonnable. En effet, pendant toute son enfance, elle avait vu ses frères, Maximilien et Ferdinand, se colleter et s'insulter comme des chiffonniers sans que jamais une bagarre n'altère la bonne amitié qui existait entre eux. À ceci près, pensa-t-elle, que jamais leur mère l'impératrice n'eût toléré une scène pareille en présence d'un ambassadeur étranger... Mais Louis XV n'avait pas dit un mot. Il avait fait semblant de n'avoir rien entendu. M. de la Marmora s'était donc senti obligé d'en faire autant, alors qu'il aurait tout à fait eu le droit de se montrer froissé.

Marie-Antoinette voulait espérer que son ambassadeur à elle, M. de Mercy-Argenteau, aurait hautement protesté si quelqu'un avait eu le mauvais goût de dire du mal de son portrait. Mais, pour en revenir à Louis XV, son attitude ne l'étonnait pas. Depuis qu'elle était en France, elle avait appris à connaître le caractère de son grand-père. Il était incapable d'adresser personnellement un reproche à l'un de ses enfants ou de ses petits-enfants. Il préférait supporter leurs inconduites plutôt que de leur en dire un seul mot. Et, si vraiment il estimait qu'on lui marchait sur les pieds avec excès, il faisait envoyer remarques et observations par une tierce personne.

Marie-Antoinette le savait pour en avoir fait l'expérience[1].

De son côté, Mme de Noailles songeait qu'elle avait dit à Marie-Antoinette le contraire de ce qu'elle pensait. Le dauphin et le comte de Provence ne se disputaient pas comme les lurons francs et turbulents qu'elle venait de décrire. Ils se détestaient. Et c'était ancien. Cela datait de leur très jeune âge.

Leur père[2] avait ouvertement préféré Provence et publiquement méprisé le dauphin. Provence, disait ce père, était fin et doué ; le dauphin était lent et sournois. Provence était en avance pour son âge ; pour maintenir le dauphin à un niveau moyen, il fallait multiplier les cours de rattrapage. Provence était un vrai prince, il avait conscience de son rang, il savait se tenir en public et parler à autrui avec majesté ; le dauphin ne sortait de son silence que dans la compagnie des ouvriers et des gens d'écurie. Bref, concluait le père, il était regrettable que Provence ne soit pas né avant son frère. La nature s'était trompée, Provence était de toute évidence mieux taillé pour occuper la place de roi... Et ce n'était pas un regret qu'il gardait dans le secret de son âme, c'était une opinion dont il faisait

1. Voir *Marie-Antoinette, À la cour de Versailles* (tome 2).
2. Le dauphin Louis-Ferdinand, le fils de Louis XV, qui n'a jamais régné parce qu'il est mort avant son père.

abondamment profiter ses fils, ainsi que tout le monde à Versailles.

Le père était mort, mais les dégâts étaient faits. Les garçons n'oublieraient pas le message reçu de l'auteur de leurs jours. Provence était convaincu qu'il pourrait être un meilleur roi que son frère. Et le dauphin garderait en mémoire les humiliations subies. Il avait vénéré ce père dont il ne recevait que des rebuffades, mais il avait été profondément blessé par cette injustice. Car, enfin, il était l'aîné ! donc désigné par le sort et par Dieu pour régner... La loi dynastique était claire : les frères se succédaient par rang d'âge. Un premier garçon, le duc de Bourgogne, était mort à dix ans. Depuis ce jour, le dauphin, c'était lui. S'il mourait, ce serait Provence ; et si Provence mourait, ce serait Artois. Personne n'avait le droit de changer un ordre décidé par la nature et par Dieu.

Mme de Noailles pensa avec mélancolie qu'elle n'avait jamais parlé à Marie-Antoinette de l'enfance du dauphin. Ni à l'abbé Vermond qui était pourtant son confident ; c'était même une faiblesse qu'elle se reprochait parfois... Mais elle aurait pu être rassurée, Vermond s'était renseigné ailleurs.

Elle éprouvait de la difficulté à parler de cette époque, et même simplement à y repenser. Le dauphin Louis-Ferdinand avait commis une très grande erreur. Autrefois, on veillait à élever les frères du futur roi dans le respect de leur aîné. Et surtout, on évitait de semer dans la cervelle du cadet l'idée infiniment dangereuse qu'il était l'égal de son frère.

Mais comment, à cette époque, aurait-on pu réagir ? s'interrogeait Mme de Noailles. La seule personne qui aurait eu de l'autorité sur le père des enfants était le roi, son père à lui. Mais Louis XV n'avait rien dit. Il ne se mêlait jamais de ce qui se passait chez son fils.

De ce temps, on ne parlait jamais à Versailles. C'était comme un secret de famille honteux. Mme de Noailles n'en avait rien raconté à Marie-Antoinette, pour ne pas la troubler, bien sûr, mais aussi parce qu'elle ne souhaitait pas que l'impératrice Marie-Thérèse fût mise au courant de ces années peu glorieuses pour la France. Même le comte de Mercy-Argenteau, pensait-elle, qui pourtant fouinait partout et savait beaucoup de choses, ne semblait pas vraiment avoir été instruit de tout cela.

Là, elle se trompait complètement. Mercy avait été informé par Vermond. Et donc, inévitablement, Marie-Thérèse aussi.

Chapitre 2

LES PROFITABLES DÉSHONNEURS

Mme de Noailles entrouvrit la porte du salon d'étude de Marie-Antoinette. Vermond y était seul. La dauphine était en promenade avec ses tantes en forêt de Bois-d'Arcy, où le roi chassait.

– Monsieur l'abbé, avez-vous un instant ? Je voudrais vous montrer quelque chose.

Elle referma sans bruit la porte derrière elle et prit le temps de s'assurer que la gâche était bien engagée. À Versailles, cité de l'indiscrétion et de la médisance, tout le monde écoutait les conversations de tout le monde. Le bruit d'une porte qui se ferme était comme un appel à venir y coller l'oreille. Si l'on avait l'intention d'échanger des paroles en privé, on se parlait bas et au milieu de la pièce ; ou alors on allait se promener dans le parc, en plein vent sur les terrasses. Quand on avait habité Versailles un certain temps, on prenait ces précautions presque sans avoir à y penser. Du reste, pour ce qui regardait Mme de Noailles et l'abbé Vermond, il leur était déjà arrivé, à elle comme à lui, d'écouter derrière des portes entrebâillées des conversations qui ne leur étaient pas destinées.

– Regardez ce que monsieur de Noailles vient de me communiquer : la liste des emplois que l'on va créer pour la maison[1] du comte et de la comtesse de Provence. Je vous conseille de rester assis pour la lire.

M. de Noailles, le mari de Mme de Noailles donc, s'occupait du secrétariat du roi. La liste qu'il avait donnée contenait plus de deux cents personnes. Outre les nombreux domestiques, gens de cuisine et d'écurie, quarante postes, puissamment honorifiques et royalement payés, étaient réservés aux hauts courtisans ; et ils étaient déjà tous attribués aux proches amis de Mme du Barry. Mme de Valentinois, la meilleure amie de la favorite, était nommée première dame d'honneur. Mlle de Caumont, autre dubarryste fidèle, était dame d'atour, et toute la liste était ainsi complétée.

1. Un groupe de courtisans et de serviteurs spécialement désignés pour entourer et servir le jeune couple.

– C'est la ruée, observa Vermond.

– Monsieur de Noailles appelle cela la « course aux profitables déshonneurs »... C'est à qui s'emparera du plus gros morceau.

Vermond releva parmi les nouveaux gentilshommes d'honneur le nom de Saint-Mégrin, le fils de M. de la Vauguyon. M. de la Vauguyon était le gouverneur du dauphin et de ses frères, et aussi l'ennemi le plus tenace que l'abbé Vermond eût à la cour.

Dans la question du Barry, Vermond avait toujours vu M. de la Vauguyon se conduire avec la plus grande prudence. II flattait la favorite afin de ménager le roi, tout en veillant à garder assez de distance pour éviter de froisser le dauphin. Car il fallait penser à l'avenir. Le roi se portait bien, mais il n'était plus jeune ; il pouvait mourir ; le dauphin pouvait devenir roi... C'était une situation dans laquelle le gouverneur jugeait sage de n'appartenir à aucun parti. Or, depuis plusieurs semaines, M. de la Vauguyon avait diamétralement réorienté sa stratégie. Il s'était soudain affiché parmi les plus plats courtisans de la du Barry. Aucune flatterie, aucune singerie ne lui avait semblé exagérée... Vermond s'était interrogé. Il s'était demandé ce que signifiait un ralliement aussi manifeste... Il avait supposé qu'il y avait un froid entre le dauphin et son gouverneur. Le dauphin – Vermond l'avait remarqué – se montrait parfois cassant et distant avec le vieil homme. Il avait dû en faire trop, et M. de la Vauguyon, vexé, était passé en représailles dans le clan du Barry...

Mais, en examinant la liste fournie par M. de Noailles, les choses devenaient claires.

« Ah ! coquin, pensa Vermond, je te devine. »

Les sentiments et les passions n'avaient rien à voir dans tout cela. Seuls les gros sous avaient leur mot à dire. M. de la Vauguyon avait songé qu'un emploi à vie pour son fils, somptueusement payé et très peu fatigant, méritait qu'on prît parti. À vie, car le comte et la comtesse de Provence, à quinze et dix-sept ans, avaient, sauf accident, une espérance de vie tout à fait intéressante. C'était une occasion qu'on eût été bien bête de laisser passer. Quitte à se brouiller un peu avec le dauphin. De toute façon, il était si maussade ces temps-ci que cela ne changerait pas grand-chose.

– Dites-moi, madame, demanda Vermond en levant le nez de sa feuille, est-ce qu'il n'y a pas plus de monde dans la maison de la comtesse de Provence que dans celle de la dauphine ?

– Bien entendu ! répondit-elle avec véhémence. Dix personnes de plus ! C'est un scandale !

Elle se reprit, se souvenant d'un seul coup qu'il ne fallait jamais parler fort à Versailles quand on exprimait une opinion tranchée.

– C'est un scandale, répéta-t-elle à voix basse. Les amis de la favorite, non contents de posséder déjà tous les postes du gouvernement, font main basse sur la maison du comte et de la comtesse de Provence.

– Ce que je comprends mal, dit Vermond, c'est comment le roi a consenti à autant avantager la comtesse de Provence par rapport à la dauphine... C'est une humiliation gratuite envoyée à Marie-Antoinette, et par ricochet au dauphin et à l'impératrice... Il me semblait pourtant que les choses allaient plutôt bien ces temps-ci entre le roi et la dauphine. Il avait l'air content de sa petite-fille.

– Ce n'est pas le roi qui a établi cette liste. C'est la comtesse du Barry elle-même, c'est-à-dire le clan de ses amis. Madame du Barry a demandé la maison de la comtesse de Provence comme un cadeau. Le roi n'allait pas lésiner sur un cadeau... Et puis, vous connaissez la faiblesse du roi (Mme de Noailles avait pensé « lâcheté ») quand ses enfants ou sa compagne lui demandent la moindre chose. Il préfère tout céder tout de suite plutôt qu'affronter l'ennui d'une discussion.

Vermond, rêveur, hocha la tête. Cette explication lui paraissait vraisemblable.

– Et, ajouta-t-il, outre la noble intention de se remplir les poches, madame du Barry et son clan doivent penser qu'ils ont reçu assez de vexations de la dauphine pour souhaiter prendre les devants dans ce mariage-ci. Ils se disent sans doute qu'en encadrant convenablement la princesse de Savoie dès son arrivée, ils peuvent en faire une des leurs.

– Ce n'est pas tout, dit Mme de Noailles qui dépliait une deuxième feuille, voici ce que l'on prévoit pour les fêtes du mariage : messe à Versailles, messe à Notre-Dame, souper public à Choisy, carrousel, feu d'artifice à Paris, feu d'artifice à Versailles...

– Encore une fois, n'est-ce pas plus de faste que pour le mariage du dauphin ?

– Oui, mais c'est logique. Si ces fêtes doivent être le triomphe du clan du Barry, il faut qu'elles aient plus d'éclat que le mariage de Louis et de Marie-Antoinette.

– Et combien tout cela va-t-il coûter ?

– Trois millions et demi ! C'est ce qu'il va falloir trouver, m'a dit monsieur de Noailles ; et uniquement pour les fêtes et la mise en route de cette maison pharaonique.

– Le trésor en dispose ?

– Sûrement non. On éprouve déjà des difficultés chaque année pour clore le budget de Versailles.

Deux heures plus tard, Marie-Antoinette rentra de promenade, indignée. Alors qu'elle et ses tantes étaient en train de quitter Bois-d'Arcy, on leur avait apporté la fameuse liste. Marie-Antoinette et

Mesdames avaient eu tout le trajet du retour pour se scandaliser de concert.

Marie-Antoinette ne comprenait pas pourquoi on montait la maison de sa belle-sœur sur un plus grand pied que la sienne. Elle était impartiale par nature et aurait compris qu'on les traite avec égalité, même si, comme dauphine, elle se trouvait au-dessus de la comtesse de Provence dans la hiérarchie du royaume. Sa mère l'impératrice avait toujours veillé à considérer ses enfants avec équité, quels que soient le titre et le rang que la vie leur donnait. Mais pourquoi, contre toute logique et toute justice, avantageait-on la comtesse de Provence ? C'était un coup bas de la favorite, une vengeance, un coup de pied de l'âne, Marie-Antoinette ne voyait pas d'autre explication. Et, encore une fois, le roi laissait faire pour complaire à son amie...

– Je pense comme vous, Altesse, dit Vermond. Moi non plus, je ne vois pas d'autre raison.

– Est-ce qu'elle ne pourrait pas me laisser tranquille ? Je lui ai parlé, elle a eu ce qu'elle voulait ! Je croyais au moins y gagner d'avoir la paix avec sa clique.

– Je le pensais aussi, Altesse. Mais il faut croire que ces gens pensent à l'avenir. Ils ont compris qu'ils n'ont définitivement rien à attendre de vous. La perspective de prendre possession de la maison de votre belle-sœur et d'en faire une place forte réveille leurs désirs combatifs.

– Ce n'est pas pour les six ou dix dames d'honneur supplémentaires – toutes des amies de la Barry, en plus ! – que je suis fâchée... Et même, je les laisse de grand cœur à ma belle-sœur... Six bonnes femmes de plus dont elle aura à s'occuper, qu'il faudra ne jamais vexer, à qui il faudra faire des compliments chacune à son tour sous peine de drame... Je lui souhaite bien du plaisir.

– Je le sais bien, Altesse, c'est pour le principe, et vous avez le droit d'être en colère. Mais cette liste n'est qu'un projet. Le roi ne l'a pas encore signée, et il est possible que la question du financement la fasse diminuer. Je conseille que nous attendions de voir la liste définitive pour fulminer.

– Il n'y a pas que le nombre des personnes, il faut aussi regarder qui elles sont. La Valentinois, la Caumont... Elles vont faire tout ce qu'elles pourront pour gagner ma belle-sœur à la favorite. Si elle n'est pas trop maligne, et qu'elle n'est pas prévenue, elle va se retrouver amie et protectrice de la Barry sans même s'en rendre compte.

– C'est très possible. C'est même sûrement le plan de ces dames. Et, probablement, comme vous le pensez, la princesse de Savoie ne sera prévenue de rien.

– Pourquoi ses parents et son ambassadeur ne la préviendraient-ils pas ?

– Ils ne vont pas faire manquer un très prestigieux mariage à leur fille pour des histoires de rivalités féminines à Versailles. Ils se disent que, d'abord, on célèbre le mariage et, après, on verra bien ; Marie-Joséphine n'aura qu'à s'arranger de la situation qu'elle trouvera ; et, de toute façon, cette du Barry ne durera qu'un moment... Réfléchissez, Altesse, s'ils donnaient pour consigne à leur fille d'avoir à garder ses distances avec la favorite et que cela s'apprenait, ils auraient l'air de dire : « Nous acceptons la place sur la deuxième marche du trône de France, mais nous refusons la petite amie du roi et ses comparses. » Or, c'est au roi et à son ministre le duc d'Aiguillon, très bon ami de madame du Barry, qu'ils doivent ce mariage.

– Avec mes tantes, nous avons préparé un plan pour les contrer.

Immédiatement, Vermond s'inquiéta. Depuis vingt-cinq ans, les plans de Mesdames pour s'opposer aux maîtresses de leur père étaient immanquablement des désastres.

– Je vous écoute, Altesse...

– Nous avons prévu de traiter très froidement la comtesse de Provence à son arrivée. Cela l'embarrassera et, avec un peu de chance, elle commettra des bévues. Le ridicule en retombera sur la Barry et la Valentinois.

– Altesse, vous parlez sérieusement, là ?

– Bien sûr.

– Vous rendez-vous compte de l'injustice de ce que vous proposez ? Vous venez de dire que la princesse de Savoie ne sera prévenue de rien. Elle va tomber dans un traquenard, et vous projetez de l'enfoncer un peu plus... D'ailleurs, je ne vois pas pourquoi je vous raconte tout ça. Je suis certain que vous ne pensez pas un mot de ce que vous dites.

– Si !

– Allons donc, même en vous donnant du mal vous seriez incapable d'injustice ou de cruauté ! En vérité, vous éprouvez de la compassion pour votre nouvelle belle-sœur. Vous vous dites qu'elle est en train de connaître les mêmes épreuves que celles que vous avez traversées. Elle va quitter son pays, ses paysages, sa famille pour venir vivre dans cette cour où elle ne connaît personne et dont on ne lui aura rien expliqué... Du reste, il faut vraiment être des buses comme vos tantes pour imaginer un plan aussi inepte. Repousser Marie-Joséphine, la rejeter dès son arrivée, mais c'est l'envoyer à coup sûr dans les bras du parti de la favorite !

– C'est vrai, ce que vous dites là... Non, vous avez raison, ce plan n'est pas bon...

– Il est consternant. Le meilleur moyen que vous ayez d'enlever la comtesse de Provence aux dubarrystes, c'est au contraire de lui témoigner de l'amitié et de faire en sorte qu'elle se sente mieux avec vous qu'avec eux. Vous n'avez pas envie d'avoir une alliée de votre âge ?

Chapitre 3

« LE GRAND CHARLEMAGNE »

Le comte de Mercy-Argenteau, contre ses habitudes, n'était pas venu à Versailles depuis plusieurs jours. Un rhume le retenait chez lui. Toutefois, pendant ces journées, il avait écrit une dizaine de fois à Marie-Antoinette pour s'excuser de manquer ainsi à ses devoirs et l'assurer qu'il accourrait, quels que soient l'heure et son état, si elle avait le moindre besoin de sa présence. Marie-Antoinette lui avait répondu que tout allait bien, et que surtout il restât au lit et ne prît aucun risque avec sa santé.

Vermond, pourtant, souhaitait connaître son impression sur le charivari que déclenchait à la cour l'arrivée de la nouvelle comtesse de Provence. Il songea qu'en partant tôt le lendemain matin, il aurait le temps d'aller voir Mercy chez lui et d'être de retour pour la leçon de littérature de Marie-Antoinette.

Au reste, même quand Mercy se portait bien, Vermond et lui ne s'adressaient jamais la parole à Versailles. Ils se saluaient, rien de plus. Quand ils avaient à se parler, Vermond se déplaçait jusqu'à Paris. Il n'était pas souhaitable que les courtisans, la famille royale, et même Marie-Antoinette, les voient tenir des conversations en aparté.

Vermond, l'homme de confiance de Marie-Antoinette, et le comte de Mercy-Argenteau, le représentant de Marie-Thérèse à Paris, ne pouvaient pas se permettre de révéler des contacts réguliers. Vermond avait trop d'ennemis à la cour ; on l'aurait qualifié d'espion de l'Autriche, d'œil de Vienne, d'âme damnée de Marie-Thérèse, ce qui était à la fois vrai et faux. Vrai parce qu'il communiquait effectivement des renseignements à l'impératrice. Et faux parce que son intention n'était pas de rendre service à l'Autriche, mais d'aider Marie-Antoinette, trop jeune et trop isolée pour se passer de l'appui de sa mère.

La position de Vermond à la cour n'était tenable qu'à condition d'exister avec une infinie discrétion et de ne paraître s'intéresser qu'aux livres. À Versailles, sa seule interlocutrice régulière était Mme de Noailles. Mais elle restait toujours très discrète sur leurs échanges. Elle aimait bien ce jeune homme qui avait l'âge de son plus jeune fils. Leurs intelligences se comprenaient, et elle appréciait la complicité discrète, presque secrète, qu'ils avaient ensemble. Et, entre eux, se parler librement n'était pas une difficulté puisqu'ils passaient une grande partie de leurs journées dans l'appartement de la dauphine.

Vermond quitta le palais avant le jour. Pendant une demi-heure, les mains dans les poches et aspirant l'air humide du matin aux senteurs de mousse et d'eau de rivière, il suivit la route qui descend vers Sèvres et Paris. Quand il s'éloignait de la cour, il éprouvait toujours le sentiment joyeux d'un collégien qui a trouvé une bonne raison de manquer l'école. La route de Sèvres, très fréquentée dans la journée, était déserte à cette heure de l'aube. Le soleil était encore caché derrière l'horizon, mais, du côté de l'est vers où il marchait, les nuages se teintaient de bandes orange. Un carrosse de louage qui retournait au trot vers Paris ralentit à sa hauteur et lui proposa pour cinq sols de l'emmener.

Vermond n'était pas le seul à s'ennuyer à Versailles. En gros, tout le monde s'ennuyait à Versailles, surtout le soir. Alors, une fois les obligations terminées, le souper de la famille royale, la partie de cartes chez Mesdames, certains courtisans, les femmes autant que les hommes, quittaient discrètement le château pour aller prendre du bon temps à Paris. Le bal de l'Opéra, où l'on dansait masqué, avait la réputation d'un endroit où l'on s'amuse infiniment. Par désir de discrétion, ils utilisaient des carrosses de louage plutôt que leurs propres voitures. Aux petites heures du jour, les mêmes carrosses les ramenaient à Versailles. Et si l'occasion se présentait, les cochers, en repartant, reprenaient encore au passage les marcheurs matinaux allant à Paris pour leurs affaires. Le prix demandé était modique, la course étant déjà payée par les couche-tard de la cour. Vermond avait découvert ce système discret, rapide et, ce qui ne gâtait rien, confortable, pour se rendre le matin à Paris.

Il fut devant la maison du comte de Mercy-Argenteau quand sept heures sonnaient. Il était trop tôt pour demander à voir l'ambassadeur, qui en outre était souffrant, mais il fallait faire savoir qu'il était là. Il frappa à la porte cochère. Le suisse, encore ensommeillé, ouvrit le guichet ; il ne fut pas surpris, il connaissait Vermond et ses habitudes matinales.

– Dites à Son Excellence que je suis à sa disposition quand elle le voudra. Vous n'aurez qu'à venir me chercher au « Grand Charlemagne ».

Puis il fit demi-tour et se rendit, deux rues plus loin, à l'auberge du Grand Charlemagne. C'était le meilleur moment de ces expéditions, celui du déjeuner du matin. Il avait au moins une heure et demie devant lui ; le Grand Charlemagne était un endroit cossu, parfaitement accueillant et servant le meilleur bouillon de Paris, du moins une ardoise peinte accrochée à la devanture l'assurait ; bref, un moment de paix.

Une table proche de la cheminée se trouvait libre. Il ôta son manteau, se laissa tomber plus qu'il ne s'assit sur le banc, étendit les jambes sous la table et s'adossa au mur. Il commanda un pot du célèbre bouillon maison, trois œufs à la coque, du beurre et du pain cuit du matin.

En soufflant lentement sur le bouillon, il contemplait la fresque recouvrant le mur qu'il avait en face de lui. Charlemagne, à cheval, marchait à la tête de son armée. Le peintre n'avait pas été chiche sur la barbe du grand empereur qui était d'un blanc éclatant et lui descendait jusqu'au nombril. L'armée, une file de cavaliers et de gens à pied, suivait un chemin en lacets descendant de montagnes couleur violet clair. À chacun de ses repas dans cet endroit, Vermond se demandait à quel moment de l'histoire de Charlemagne l'artiste avait voulu situer son œuvre... Il songea que ces monts mauves représentaient probablement les Pyrénées ; alors ce paysage figurait la sortie de la vallée de Roncevaux, et donc, à l'instant présent, tout au fond du tableau, Roland et ses preux étaient en train de connaître un destin héroïque, certes, mais fort mélancolique.

– Monsieur l'abbé ?... Monsieur l'abbé ?...

Vermond se secoua et émergea d'un état à mi-chemin entre le sommeil et la rêverie. Le plus jeune valet du comte de Mercy-Argenteau était debout devant lui et, visiblement, se demandait s'il oserait saisir la manche de monsieur l'abbé, l'ami de Son Excellence, pour le faire redescendre un peu de ses nuages. Vermond sourit, il aimait bien ce polisson aux joues roses et au nez en l'air qui était toujours volontaire pour toute mission pourvu qu'elle fût l'occasion d'une promenade dans les rues. Et entrer au Grand Charlemagne était pour le drôle une fête à ne pas laisser passer.

– Monsieur l'abbé, Son Excellence est levée et vous attend.

– Alors allons-y, fit Vermond en se dégageant de son banc.

Mercy, en robe de chambre et coiffé d'une toque de fourrure, était assis dans un fauteuil au coin de sa cheminée.

– Mon bon ami, comme c'est gentil à vous de me rendre visite... Je me mourais d'impatience, coincé ainsi dans cette chambre et privé de toute nouvelle...

Comment se porte Madame la dauphine ? Et comment vont les choses à la cour ?

– Versailles est en ébullition à cause de l'arrivée prochaine de la comtesse de Provence et la dauphine en est un peu remuée, toutefois elle se porte comme un charme. Mais, avant tout, comment se trouve la santé de Votre Excellence ?

– Meilleure, la fièvre a diminué et je tousse moins, mais mon médecin m'interdit toujours formellement de quitter le lit.

– Il me semble pourtant que je vous vois debout, Excellence.

– Je me recoucherai avant son arrivée. Mais laissons ma santé, qui n'a qu'une importance très secondaire... Savez-vous s'il est exact qu'on ait établi la liste des postes de la maison du comte de Provence ?

– Oui. Et il semble que la maison de la comtesse de Provence doive être plus importante que celle de la dauphine.

– Que me dites-vous là ?

Le comte de Mercy-Argenteau s'était brusquement penché en avant, les deux mains accrochées aux accoudoirs de son fauteuil comme s'il craignait d'en être éjecté par l'indignation.

– Toutefois, ajouta Vermond, c'est encore à confirmer.

– Qui est de cette maison ?

– Madame de Valentinois, mademoiselle de Caumont...

Vermond, de mémoire, cita la liste.

– On dirait, à peu de chose près, le plan de table des soupers privés du roi, commenta Mercy. Quand madame du Barry invite ses amis, il faut lui reconnaître qu'elle n'oublie personne... De toute évidence, le parti de la favorite mise gros sur la comtesse de Provence.

– Je suppose que l'impératrice ne doit pas être enchantée de ce mariage.

– Vous voulez dire qu'elle est très mécontente. Elle souhaitait qu'on se décide pour la princesse allemande. Cela aurait confirmé l'alliance franco-autrichienne, ç'aurait été un choix politique cohérent après celui de Marie-Antoinette... Mais elle se doutait depuis le début que la sympathie du roi le ferait pencher pour la Savoie. Il se sent lui-même à demi savoyard. Sa mère, Marie-Adélaïde de Savoie, a fait chavirer tous les cœurs quand elle est arrivée ici, à commencer par celui de Louis XIV qui pourtant ne chavirait pas facilement. On l'appelait la « charmante princesse » ; elle est morte jeune, ce qui a fait pleurer à chaudes larmes la France entière, personne ne l'a oubliée... Comment voulez-vous lutter contre un passé pareil ? L'impératrice craint que Marie-Joséphine de Savoie ne bénéficie d'un capital de sympathie qui l'avantage par rapport à Marie-Antoinette. Et je vous laisse imaginer sa contrariété quand elle va apprendre que le clan du Barry a l'intention d'exploiter ce capital à son profit.

– L'impératrice sait-elle précisément comment est cette princesse de Savoie, je veux dire : de sa personne... ? À Versailles, nous n'avons eu que des descriptions très convenues.

– On en dit du bien. Il paraît que, sans être belle, elle a beaucoup de physionomie. On dit aussi qu'elle a un bon caractère et, surtout, une excellente éducation.

– C'est un portrait sympathique.

– Peut-être trop sympathique. Et même dangereux pour la dauphine. L'impératrice craint que, par comparaison, sa fille ne paraisse impulsive, puérile, trop portée à rire au nez des gens... Ce qu'elle est souvent, nous ne pouvons le nier.

– Nous verrons bien, un peu d'émulation ne peut que la pousser à progresser dans ces aspects de son caractère... Il y a autre chose dont je voulais entretenir, Votre Excellence. Mesdames, qui ne perdent jamais une occasion de se tromper, ont formé le projet de bouder la comtesse de Provence, pensant ainsi mortifier la favorite et ses amis. Elles ont déjà aussi commencé à convaincre Marie-Antoinette de s'associer à elles. Je pense qu'il faut au contraire l'encourager à la recevoir avec amitié. Elle a plus besoin d'une amie que d'une adversaire supplémentaire. Et l'amitié de la dauphine serait aussi le meilleur moyen de reprendre la comtesse de Provence aux dubarrystes.

– Vous avez raison... Je parlerai à la dauphine en ce sens dès que je pourrai sortir. Et j'écrirai à l'impératrice de le lui rappeler aussi.

Et comme toujours, pensa Vermond, Mercy ne pourrait s'empêcher de présenter à Marie-Thérèse cette idée comme la sienne... L'ambassadeur ne pouvait résister au plaisir de susciter l'admiration de sa souveraine, c'était plus fort que lui. Sur le fond, se disait Vermond, cela n'avait pas beaucoup d'importance, mais c'était irritant tout de même... Enfin, l'essentiel était que l'attitude conciliante qu'il recommandait à Marie-Antoinette lui fût confirmée par sa mère et son ambassadeur. C'était bien dans ce but qu'il s'était déplacé jusqu'ici ce matin.

Depuis plusieurs minutes, entraîné par l'importance du sujet dont on débattait, le comte de Mercy-Argenteau avait oublié qu'il était malade. Il s'était levé de son fauteuil et allait et venait à travers sa chambre. S'arrêtant devant la fenêtre, il écarta le bord du rideau et aperçut dans la cour son médecin en train de descendre d'une chaise à porteurs.

– Diable ! mon médecin qui arrive plus tôt que prévu... Il faut que je me remette au lit et qu'il ne vous aperçoive pas. Je ne vous l'avais pas dit : le docteur m'interdit de m'occuper de mes affaires et de m'exposer à quelque souci que ce soit. Il paraît que la fièvre pourrait remonter aux méninges, créer de l'inflammation, un transport, je ne sais plus, quelque chose de cette sorte...

– Votre Excellence pourrait peut-être simplement lui dire qu'elle se sent mieux.

– Y pensez-vous ? Il serait furieux. Il n'y a que lui qui a le droit de décider si je me sens mieux ou pas. Mais ne vous inquiétez pas, hormis ce petit défaut de caractère, c'est un très bon médecin et le meilleur homme de la terre. Si je me cache pour lui désobéir, c'est surtout pour ne pas lui faire de peine... Comment repartez-vous, mon cher Vermond ? Voulez-vous ma voiture pour vous rapprocher de Versailles ?

– Je ne voudrais pas en priver Votre Excellence.

– Vous voyez bien que je vais passer la journée au lit. Il y a quatre jours que j'envoie cette voiture se promener vide autour de Paris pour occuper mes chevaux qui sont en pleine forme, eux, et qui s'excitent pis que des démons quand ils restent à l'écurie.

Deux heures plus tard, Vermond demanda au cocher de s'arrêter dans un petit bois, peu avant le village de Porchefontaine, et de le laisser là. Il restait à parcourir une demi-lieue qu'il ferait à pied.

Il entrerait dans le parc de Versailles par une grille latérale et gagnerait le château par les jardins, un livre sous le bras, comme s'il revenait de promenade.

Il était toujours ravi de se sauver de la cour, mais il était aussi toujours pressé d'y revenir. Il avait constamment peur qu'en son absence quelque catastrophe arrive à Marie-Antoinette. Il avait beau se dire qu'il n'était même pas en retard, il ne pouvait s'empêcher de marcher vite. La cour et ses habitants, l'ennui et l'oisiveté qui régnaient à Versailles, les petites péripéties de ce monde clos replié sur soi, lui pesaient abominablement, mais pour tout l'or de l'Amérique – que personne d'ailleurs ne songeait à lui proposer – il n'aurait pas voulu habiter ailleurs. Son poste auprès de Marie-Antoinette était pour lui beaucoup plus qu'une fonction, c'était une mission. Il n'allait pas jusqu'à penser que le destin l'avait placé auprès d'elle... Quand Marie-Antoinette prononçait ce mot – car l'esprit romanesque de la jeune fille adorait les histoires de « destins » et de « destinées » –, il la reprenait en lui expliquant que ce qu'elle appelait « destin » n'était que l'effet du hasard et de l'enchaînement de faits bien réels. Le hasard, donc, l'avait envoyé auprès de la petite Antoinette de douze ans à qui il devait apprendre le français. Depuis, il n'avait plus quitté cette jolie enfant à l'histoire si particulière. Elle lui faisait l'honneur de lui accorder une confiance totale. En retour, il considérait comme son devoir de lui consacrer son énergie entière.

Vermond entra dans le parc par la grille de la Pièce d'eau des Suisses. Il était midi, l'heure était au calme. Les gardes, qui connaissaient ses habitudes de randonneur et d'herboriste, lui souhaitèrent courtoisement une bonne journée. Il répondit de même. Il ne monta pas les grands escaliers de l'Orangerie – en vue de la moitié des fenêtres du château ! – mais obliqua vers le Labyrinthe, qui – par vocation – rend toute promenade inanalysable.

Tout en marchant, il pensait que l'arrivée prochaine de Marie-Joséphine suscitait l'inquiétude de Marie-Antoinette pour des raisons moins frivoles que celle des succès à la cour. Elle n'avait pas dit un mot de cette crainte, mais Vermond sentait exactement ce qu'il en était. Elle n'en avait pas dit un mot parce qu'elle ne supportait pas de parler de « ces choses-là ». En elle-même, Marie-Antoinette se disait qu'à dix-sept ans et demi, la jeune Savoyarde se montrerait sans doute capable d'accomplir son mariage dans tous les sens du mot. Il était possible qu'elle se trouve rapidement enceinte.

Or, accomplir leur mariage, Marie-Antoinette et son mari, embarrassés par leur trop grande jeunesse et une pudeur insurmontable, n'avaient toujours pas réussi à le faire. Ils n'en avaient même pas eu le désir. Ils avaient même eu l'un et l'autre le désir très net de ne pas tenter l'expérience.

Vermond songeait que cette pensée était sûrement très présente à l'esprit de Louis XV quand il avait choisi cette princesse de Savoie pour son deuxième petit-fils. Certainement, il s'était dit que le dauphin et Marie-Antoinette avaient été mariés trop jeunes et qu'il ne fallait pas recommencer la même erreur. On ne pouvait pas faire vieillir le comte de Provence de façon accélérée, mais on pouvait tenter d'augmenter la maturité globale du couple en lui associant une épouse plus adulte que lui. Lui aussi, Louis XV, autrefois, s'était marié à quinze ans... Il avait épousé la princesse polonaise Marie Leszczynska qui en avait vingt et un ; et, en tout cas pendant les premières années de leur mariage, ils avaient été très heureux. Ils s'étaient aimés comme des amoureux de romans. À cette époque, ils ne se quittaient jamais... Et ils avaient eu neuf enfants.

Or, dans l'esprit du roi, rien n'était plus important aujourd'hui qu'assurer la continuité de la lignée. Le dauphin et ses frères n'étaient pas bien vieux, mais ils atteignaient l'âge où, avec un minimum de précocité, il leur était possible d'avoir des enfants. Une famille royale, pour être respectée par la population et considérée à l'étranger, se devait d'avoir beaucoup d'enfants. Avec trois princes du sang à Versailles, la France était en droit d'espérer des berceaux partout dans le palais. Manifestement, le dauphin et Marie-Antoinette rencontraient les plus grandes difficultés à accomplir cette mission ; raison de plus pour hâter le mariage des cadets ! On trouverait une femme pour Artois dans un an. Sur les trois frères, il y en aurait bien un pour se montrer plus débrouillard que les autres. Et puis, peut-être, l'esprit de compétition pouvait-il les stimuler un peu, car le premier des jeunes couples à mettre au monde un garçon détiendrait l'héritier du trône. C'était, face à la cour et aux Français, une position considérable.

Bien entendu, songeait Vermond, le vieux roi avait pensé à tout cela... La France entière pensait à cela quand on évoquait le mariage du comte de Provence. C'était la première pensée qui était venue à l'esprit de Marie-Antoinette. Et chez Marie-Thérèse, elle avait dû être fulgurante. En résumé, tout le monde se demandait : « Provence va-t-il se montrer plus dégourdi que son frère ? »

Et dire, songea Vermond, que nous nous sommes donné tellement de peine pour qu'on laisse Marie-Antoinette et le dauphin en paix, qu'on respecte leur délicatesse et qu'on ne les harcèle jamais de questions ou de conseils techniques... Cette période de discrétion, et de tranquillité, se termine pour eux. Désormais, cette question va être au premier plan. Enfin ! cela devait arriver un jour.

Chapitre 4

MARIE-JOSÉPHINE FRANCHIT
LES ALPES

Marie-Joséphine quitta Turin cinq mois seulement après les premiers pourparlers entre ses parents et la France. Un cortège contenant la cour du royaume de Piémont, Sardaigne et Savoie l'accompagna jusqu'au village de Rivoli, qui n'était qu'à quelques heures de Turin. Là, il lui fallut dire adieu à ses parents et ses frères et sœurs.

Victor-Amédée III de Savoie et son épouse Marie-Ferdinande d'Espagne[1] avaient douze enfants, Marie-Joséphine était la troisième et l'aînée des filles.

1. Marie-Antoinette-Ferdinande de Bourbon, la plus jeune fille du roi Philippe V d'Espagne.

Marie-Ferdinande avait apporté dans la petite cour de Savoie les règles strictes de l'éducation des princes espagnols : la piété étendue à tous les détails de la vie, l'impassibilité en toute circonstance et l'orgueil d'appartenir à la lignée des rois d'Espagne, la plus illustre du monde tout simplement. Pourtant, malgré cette accumulation de principes rigides, Marie-Ferdinande avait réussi à conserver le côté joyeux de sa nature. Elle aimait rire et s'amuser dans l'intimité. La petite cour de Savoie avait toujours été un endroit bon enfant. Elle s'y était sentie à l'aise.

Bien entendu, on copiait à Turin l'étiquette de Versailles puisqu'il était établi dans toute l'Europe que Versailles était le modèle des manières aristocratiques. Mais on copiait de manière intermittente. Une fois par semaine, les membres de la noblesse, revêtus de leurs plus beaux brocarts, se rendaient au palais ducal pour le baisemain. On saluait la famille souveraine, on échangeait des révérences et des bons mots qu'on espérait pleins d'esprit, et, en une demi-journée, on était quitte avec le cérémonial.

Marie-Ferdinande n'ouvrait jamais de livres. Les livres amusants lui paraissaient suspects de damnable péché et les ouvrages pieux l'ennuyaient. Elle n'encourageait pas non plus ses filles à lire. Les livres n'étaient pas bons pour les filles, c'était connu, et l'on pouvait très bien vivre sans lecture, la preuve, elle-même... En revanche, elle adorait la danse et la musique, et l'on dansait souvent au palais ducal. On aimait la nature aussi, et les paysages des lacs et des montagnes.

Après Rivoli, Marie-Joséphine continua seule sa route. Neuf voitures composaient son cortège. Mme de Pontebello, à qui Victor-Amédée et Marie-Ferdinande avaient confié la mission d'escorter leur fille jusqu'à la frontière, occupait les deux tiers de son carrosse. Après un moment de réflexion profonde, la dame d'honneur ne put s'empêcher de faire à haute voix la remarque que la dauphine, pour aller de Vienne à Strasbourg, avait été accompagnée par une procession de soixante carrosses...

« Sans doute, pensa Marie-Joséphine, mais qu'y puis-je ?... »

Périodiquement, aussi, Mme de Pontebello s'exclamait à propos des bijoux que son mariage allait valoir à Marie-Joséphine. Louis XV s'était engagé dans le contrat de mariage à offrir pour trente mille livres de joyaux à la nouvelle comtesse de Provence.

– Trente mille livres ! Altesse... répétait quand et quand la grosse dame. Trente mille livres, songez-y...

Marie-Joséphine ne répondait rien. Elle n'avait jamais rien eu à acheter ni à payer de sa vie. Elle ne savait pas ce que coûtait un ruban ni ce que représentaient dix livres, alors trente mille... C'était sûrement magnifique, mais cela n'évoquait rien pour elle. Et puis, dans cette voiture qui l'éloignait de l'Italie, cela lui semblait si peu important...

La caravane de Marie-Joséphine et de Mme de Pontebello gravit lentement les pentes raides des Alpes. En cette fin d'avril, il faisait froid. Les nuages formaient un plafond gris opaque dans lequel les cimes disparaissaient. Le paysage était déprimant, noir et blanc, fait de pentes d'éboulis sombres et de champs de neige qui se noyaient dans la brume. En cette saison de la fonte des neiges, les torrents faisaient entendre leur grondement perpétuel. Les voyageuses franchirent le pas de Suse, escaladèrent le col du Montgenèvre, puis celui du Lautaret et redescendirent enfin vers les vallées où le temps s'adoucit.

À Chambéry, elles furent fêtées avec enthousiasme, ce qui mit du baume au cœur de Marie-Joséphine. La ville suspendit dans les rues des tentures semées des premières fleurettes du printemps et d'une grande abondance de roses en papier. Il y eut des bals, de la musique, de la foule, des baisers et des bénédictions envoyés depuis les balcons à « Maria-Giuseppa ». Les habitants de Chambéry, proches voisins de la France, étaient ravis à l'idée que l'aînée de leurs princesses devienne la première princesse de France après la dauphine. C'était la ville entière qui se sentait personnellement honorée.

La frontière entre la France et la Savoie passait à Pont-de-Beauvoisin. C'est à cet endroit que la nouvelle maison de Marie-Joséphine l'attendait, Mme de Valentinois et M. de Saint-Mégrin en tête. Mme de Pontebello, en dépit de sa disposition naturelle à faire des remarques inopportunes, était une personne consciencieuse et énergique. Elle alla rencontrer Mme de Valentinois pour convenir des conditions de la « remise » de sa princesse – c'était le mot employé.

L'antique usage voulait qu'à son entrée sur le territoire la jeune princesse étrangère fût entièrement déshabillée par les dames de son pays d'origine, et rhabillée de neuf par ses nouvelles dames françaises. Mme de Pontebello, toutes plumes dehors comme une grosse poule défendant sa poussine, déclara hautement qu'il n'en était pas question. Est-ce qu'on voulait faire attraper la mort à sa princesse en la mettant en chemise dans cet air froid et humide ? Et on se souvenait que la dauphine avait été dispensée de cette épreuve – fort gênante pour une jeune fille, soit dit en passant – ce qui créait un précédent...

Mme de Valentinois ne tenait nullement à cette cérémonie qu'elle jugeait complètement arriérée sur le principe, et de plus fatigante et ennuyeuse pour tout le monde. Elle se laissa donc convaincre sans trop d'efforts, et elle remit à Mme de Pontebello la robe en satin bleu de ciel semé de perles que Marie-Joséphine devait revêtir pour entrer en France. Madame la comtesse de Provence arriverait tout habillée, voilà tout.

Mme de Pontebello, forte de cette première victoire, demanda ensuite à demeurer auprès de Marie-Joséphine quelques jours encore pendant son voyage vers Paris ; on se souvenait que Madame la dauphine, lors de son arrivée, avait obtenu une permission de cette sorte ; sa présence pourrait faciliter la mise en confiance de la jeune princesse... Mais elle se heurta à un mur. Mme de Valentinois avait déjà cédé une fois – cela ne lui avait pas coûté grand-chose, mais cette Pontebello n'était pas censée le savoir –, elle put donc se permettre de rester de marbre.

En effet, la première dame d'honneur ne disposait que des quelques jours du voyage vers Paris – et l'on roulerait vite maintenant, les routes étant bonnes et plates – pour préparer Marie-Joséphine à sa rencontre avec la cour de France, et surtout pour la convaincre que Mme du Barry était sa bienfaitrice et serait désormais le plus sûr soutien de sa nouvelle vie. C'était peu de temps. Mme de Valentinois ne pouvait pas se permettre de laisser sa nouvelle pupille perdre ces précieuses journées à pleurnicher en italien dans le giron de ses grosses dames piémontaises. Mme de Pontebello se trouva donc poliment priée par son homologue française de repasser les montagnes en sens inverse, et d'aller porter de sa part aux parents de leur commune princesse l'expression de son parfait dévouement.

Le soir, Mme de Pontebello retourna auprès de Marie-Joséphine dans la maison seigneuriale qu'on avait mise à leur disposition un peu avant Pont-de-Beauvoisin. Malgré de louables efforts pour rendre cette demeure accueillante, en dépit de feux allumés dans toutes les cheminées, la maison restait humide et impersonnelle. Mme de Pontebello rendit compte de sa mission : elle avait gagné pour l'échange des robes, mais perdu pour les quelques jours supplémentaires. Elles devraient se dire adieu le lendemain... La dame d'honneur et la jeune princesse tombèrent dans les bras l'une de l'autre en pleurant à gros bouillons. Le vaste cœur maternel de Mme de Pontebello s'était sincèrement attaché à Marie-Joséphine pendant ces journées sur les routes et elle pleurait de la quitter comme elle aurait pleuré de se séparer d'une de ses filles. Et Marie-Joséphine, oubliant les quarante occasions d'exaspération que son accompagnatrice lui avait fournies pendant leur voyage, pleurait sur l'épaule de Mme de Pontebello qui lui semblait soudain représenter tout ce qui est rond, italien, protecteur et bienveillant.

Le lendemain, Marie-Joséphine et Mme de Pontebello se présentèrent à Pont-de-Beauvoisin, droites, l'œil sec et le visage imperturbable. Marie-Joséphine avait revêtu la robe semée de perles que la France lui offrait. Il était permis d'avoir le cœur brisé dans le secret de son appartement, mais il était inconcevable de perdre le contrôle de son âme en public.

Marie-Joséphine s'avança à la rencontre de Mme de Valentinois et de M. de Saint-Mégrin. Ils plongèrent, elle dans une ample révérence de cour, et lui dans un salut descendant jusqu'à terre, mais, au premier regard échangé, Marie-Joséphine sut que quelque chose n'allait pas. Elle ne comprit pas pourquoi, mais, elle en eut la certitude, elle n'était pas ce qu'ils attendaient. Leurs visages demeuraient impassibles comme le voulait le protocole, mais leurs regards exprimaient sans doute possible une mauvaise surprise.

« Qu'est-ce qu'il y a ? Pourquoi est-ce que je ne leur plais pas ? » se demanda-t-elle, interdite.

C'était la première fois qu'une chose pareille lui arrivait. Elle était la fille du roi de Sardaigne, duc de Savoie, du Montferrat, du Genevois et d'Aoste, prince de Piémont et d'Oneille. Elle était la petite-fille du roi d'Espagne. Elle était deux fois parente avec le roi de France[1]. Elle savait se tenir en toute circonstance comme son rang l'exigeait. Que pouvait-on lui reprocher ?

« C'est une catastrophe ! » jugea sobrement Mme de Valentinois en voyant la jeune princesse approcher.

D'un coup d'œil, la meilleure amie de la favorite avait jaugé la situation. Marie-Joséphine était petite, mais ce n'était pas un problème, on ne demandait pas aux princesses d'être grandes. Son visage pouvait être qualifié de moyen : un peu long, avec de grosses lèvres et un nez trop fort. Pourtant, là encore, on ne pouvait pas dire non plus qu'il était laid et on aurait pu s'en arranger... Non, la catastrophe était que cette princesse ne savait pas du tout prendre soin d'elle-même. Manifestement, elle n'en avait pas la plus petite notion. Elle portait la robe de satin qu'on lui avait remise la veille, mais elle la portait très mal. La gracieuse robe parisienne pendait comme un sac. Cette gourde de Pontebello et ses chambrières avaient été incapables de la lui ajuster proprement. Sous la robe, la princesse ne portait pas de corset, ce qui

1. Marie-Joséphine était proche parente de Louis XV à la fois du côté paternel et du côté maternel. Le roi d'Espagne Philippe V était à la fois le grand-père de Marie-Joséphine et l'oncle de Louis XV ; et la mère de Louis XV, Marie-Adélaïde de Savoie, était la grand-tante de Marie-Joséphine.

gâtait complètement la silhouette. La coiffure était déplorable : pas une once de poudre sur une chevelure aussi sombre... Mais le pis, c'était les sourcils. Cette gamine avait des sourcils de gendarme. Épais à se toucher et qui lui mangeaient les deux tiers du front. Et un duvet indéniablement visible au-dessus de la lèvre supérieure... Mais personne ne lui avait donc jamais appris à s'épiler ? Qu'est-ce que ce soin si facile avait donc de compliqué ?... Et, de toute évidence, Marie-Joséphine ne se rendait compte d'aucun de ces défauts... Il allait falloir tout lui apprendre ! Et en huit jours... En une semaine, il faudrait faire de « ça » le nouveau fer de lance du parti de la favorite, une rivale capable d'éclipser Marie-Antoinette... Eh bien, il y avait du travail !

Marie-Joséphine ne pouvait pas comprendre les pensées qui traversaient à cet instant l'esprit de sa première dame d'honneur. Elle ne s'était jamais demandé si elle était belle ou pas. Quand on possédait un rang comme le sien, la question ne se posait pas. Et puis, la coquetterie était un péché mortel. Se regarder dans un miroir plus longtemps que le strict nécessaire était un péché. Se dévêtir devant ses femmes de chambres au-delà de la chemise était une damnable impudeur. Se peindre le visage envoyait tout droit en enfer. La vraie beauté était intérieure. C'était celle de la naissance, de l'éducation et de la maîtrise de soi.

Comment aurait-elle pu imaginer que, dans un endroit aussi prestigieux que la cour de France, on avait la légèreté de juger les gens d'après leur apparence ?

Chapitre 5

LA CROIX SAINT-HÉREM

Il était convenu que le roi et le jeune comte de Provence, iraient accueillir la nouvelle épouse à Fontainebleau. Le rendez-vous était fixé dans la forêt, au carrefour de la croix Saint-Hérem.

Le cortège royal arriva le premier. Des mousquetaires et des gardes-françaises étaient là depuis le matin, les oriflammes dressés, rangés en lisière du bois et le long de la route venant de Fontainebleau. Le roi et son petit-fils descendirent de carrosse. Toute la cour en fit autant et se répartit autour de la clairière. On envoya des chevaucheurs au-devant de la jeune mariée, qui revinrent au galop : Madame de Provence arrivait !

Comme le jour de l'arrivée de Marie-Antoinette, Louis XV se sentait très heureux. Les mariages de ses petits-fils étaient l'une des grandes responsabilités de la fin de son règne. Il avait consacré beaucoup de réflexion aux choix des fiancées et, en toute sincérité, il lui semblait que ses choix étaient bons. Marie-Antoinette et l'alliance avec l'Autriche, ç'avait été une décision audacieuse qui mettait fin à des années, et même des centaines d'années, d'hostilité avec l'Autriche. Cela avait été le choix de la paix. Et, avec Marie-Joséphine et la Savoie, on confirmait une bonne entente traditionnelle.

Des grincheux prétendaient que ces choix se contredisaient car, de tout temps, l'alliance entre la France et la Savoie avait été précisément dirigée *contre* l'Autriche.

« Le roi, reprochaient certains (à commencer par Marie-Thérèse et Mercy-Argenteau), met un œuf dans chaque panier pour éviter d'avoir à prendre des décisions claires. »

« C'était, pensait Louis XV, une vision à courte vue... Bien au contraire, ces deux mariages rompaient avec les habitudes du passé ; habitudes qui avaient abouti à des conflits toujours recommencés, toujours entre les mêmes gens, et toujours aux mêmes endroits. Ces mariages, au contraire, préparaient un avenir de paix en Europe... »

De plus, Louis XV aimait particulièrement son petit-fils Provence. Ce garçon gai, causant, toujours prêt à entamer une conversation agréable, à l'humour un peu cynique, avait le don de le mettre à l'aise. Il lui semblait que Provence, à quinze ans seulement, avait de la vie une conception moderne et sans préjugés. Ce garçon était le seul membre de la famille à ne pas se draper dans le manteau de la vertu à propos de la présence de Mme du Barry auprès de lui. Louis XV avait parfois l'impression de reconnaître dans ce petit-fils une intelligence semblable à la sienne, ce qui est un sentiment toujours agréable pour un homme vieillissant.

Ce matin de mai, en attendant son épouse dans cette clairière aux arbres habillés de jeunes feuilles vert tendre, le comte de Provence rayonnait.

« Au moins, se disaient les assistants, en voilà un qui ne boude pas son plaisir. »

Un sourire radieux ne quittait pas son visage. Et ce bonheur était réel, ce n'était pas seulement une attitude destinée au public. Et d'ailleurs, de quoi se serait-il plaint, le comte de Provence ? Il rejoignait son frère aîné dans le clan des hommes mariés. Pendant près de deux ans, il avait enragé d'être traité en enfant quand son frère avait un statut d'adulte. En quelques heures, il lui reprenait toute son avance... Et puis, il avait maintenant une maison[1] à lui. Une maison beaucoup plus nombreuse que ce qu'il avait espéré, une maison qui serait une petite puissance dans Versailles s'il savait l'organiser... En plus, il allait désormais avoir des revenus, des sommes importantes qu'il gérerait lui-même. Eh bien oui, il fallait beaucoup d'argent pour administrer une maison comme celle-là... Que la vie était donc belle quand on s'appelait Louis-Stanislas-Xavier, comte de Provence, frère du dauphin et donc héritier en second de la couronne de France, qu'on avait quinze ans et demi, de grandes ambitions, et qu'on se mariait !

Vermond, au dernier rang des courtisans, observait le jeune prince. Si Vermond avait suivi les règles qu'il avait lui-même établies, il n'aurait pas dû se trouver là. Par souci de se faire oublier, il évitait toujours de se montrer dans les événements réunissant la cour. Mais, ce jour-là, la curiosité avait été la plus forte. Il était venu au rendez-vous de la croix Saint-Hérem dans la voiture de l'évêque d'Orléans, ce qui ne troubla d'ailleurs personne, car on connaissait leur vieille amitié[2]. L'évêque et l'abbé s'installèrent modestement au dernier rang

1. La « maison » désigne ici le groupe de courtisans spécialement nommés pour entourer et servir le jeune couple.
2. Voir *Marie-Antoinette* (tomes 1 et 2). C'est l'évêque d'Orléans qui a envoyé Vermond à Vienne comme professeur de français de Marie-Antoinette.

des courtisans, en lisière du bois, sous un bosquet de bouleaux, mais la clairière n'était pas si grande et ils voyaient très bien ce qui se passait.

Le comte de Provence était pour ces quelques journées le centre de la vie de la cour ; et Vermond trouvait qu'il ne s'en sortait pas mal, ma foi. Il avait un beau visage, c'était indiscutable ; blond, calme, régulier, avec de beaux yeux bleus. Il était trop gros, mais il parvenait à ce que cela ne lui nuise pas. Il était vêtu avec beaucoup d'élégance d'un habit de soie gris perle, et ceint de son large cordon bleu de prince du sang. Il se tenait très droit.

« Au contraire, pensa Vermond, son embonpoint aujourd'hui l'avantage ; il a plus l'air d'avoir vingt ans que quinze... »

Depuis l'enfance, Provence avait quelque chose d'un peu tordu dans une hanche, ce qui donnait à sa démarche un balancement peu gracieux. S'il marchait vite ou s'il courait, cela sautait aux yeux ; alors, tout jeune encore, il avait renoncé à courir et marcher vite. Il se déplaçait toujours avec une majestueuse lenteur, presque royale. Ce matin-là, il adressait autour de lui des saluts cordiaux, mais qui contenaient toute la hauteur appartenant à un prince du sang.

Vermond ne pouvait s'empêcher de comparer l'air altier du comte de Provence à l'allure gauche qu'avait le dauphin, deux ans plus tôt en forêt de Compiègne, quand il était allé chercher Marie-Antoinette.

– Décidément, fit à mi-voix l'évêque d'Orléans qui lui non plus ne perdait rien des gestes du comte de Provence, le premier rôle lui convient bien.

– Je pensais la même chose, dit Vermond.

Marie-Antoinette et le dauphin se tenaient à quelques pas du roi. Et le comte de Mercy-Argenteau se tenait à quelques pas derrière Marie-Antoinette. Marie-Antoinette et son ambassadeur affichaient eux aussi des mines ravies, et eux aussi étaient sincères. Les journées précédentes leur avaient apporté de bonnes nouvelles.

D'abord, il avait bien fallu établir un budget prévisionnel pour la maison et les fêtes babyloniennes prévues par Mme du Barry, et nécessairement, les dépenses avaient été revues à la baisse, les finances du royaume n'étant pas extensibles. Mercy, de son côté, avait fait un compte tatillon du personnel de la maison des Provence, ainsi qu'une évaluation chiffrée du coût des festivités, et il avait conclu de ces calculs que l'avantage était à Marie-Antoinette. Au total, on avait légèrement plus dépensé pour son mariage que pour celui de Marie-Joséphine. L'honneur de l'Autriche était sauf.

Et Marie-Thérèse avait réussi – en si peu de temps ! – à envoyer un observateur à Turin sous un prétexte quelconque, dont la vraie mission était d'observer précisément la jeune Marie-Joséphine et de déterminer si oui ou non elle constituait une rivalité potentielle pour Marie-Antoinette. Le résultat de cette enquête, arrivé de Vienne deux jours plus tôt, était rassurant :

Ma chère fille, votre belle-sœur ne vous fera nul tort ou même concurrence dans la figure, mais son caractère est plus solide avec plus de connaissances ; vous n'aurez donc qu'à gagner en étant toujours liée avec elle...[1]

Marie-Antoinette fut enchantée de ce courrier. Sa belle-sœur était moins belle qu'elle, alléluia... Elle le savait bien, elle, qu'à Versailles rien ne comptait que la figure... Le caractère, les connaissances, c'était très bien, mais très secondaire. Tranquillisée, elle se sentait disposée à se montrer parfaitement gentille et accueillante envers la nouvelle venue.

Le dauphin était maussade, mais cela n'étonnait personne. Le dauphin faisait souvent la tête lors des réunions de la cour. Toutefois, ceux qui l'observaient avec un peu d'attention – et ils étaient nombreux –

1. *Correspondance secrète entre Marie-Thérèse et le comte de Mercy-Argenteau, avec les lettres de Marie-Thérèse et de Marie-Antoinette.* Les lettres citées dans cet ouvrage sont authentiques.

pouvaient remarquer qu'aujourd'hui le dauphin n'était pas seulement ennuyé, il était de méchante humeur. Apparemment, le spectacle de son frère en train de se pavaner au milieu de la clairière, son ridicule air béat collé sur le visage, lui était fort désagréable.

La comtesse du Barry se trouvait debout parmi les très grandes dames et elle aussi arborait un sourire radieux. Pour la favorite, c'était un jour de gloire, et même de triomphe : n'avait-elle pas réussi à s'imposer comme marraine et protectrice de la nouvelle comtesse de Provence ?

Comme Vermond sous ses bouleaux, elle songeait à l'arrivée de Marie-Antoinette... Ce jour-là, elle était restée seule dans son appartement du château de Compiègne pendant que la cour allait à la rencontre de la dauphine... À cette époque, le roi ne voulait pas qu'elle se montre dans les cérémonies officielles. Elle s'était sentie humiliée, écartée, pas convenable... Le roi avait honte d'elle... mais, aujourd'hui, elle figurait au premier rang parmi les duchesses. Quel chemin parcouru, tout de même, en si peu de temps !

Un souci, pourtant, venait troubler son plaisir. Une lettre de Mme de Valentinois envoyée de Lyon était arrivée la veille. Sa fidèle amie lui rendait compte de la première journée passée avec

Marie-Joséphine. La lettre était courte, Mme de Valentinois comme responsable de ce voyage étant débordée de tâches diverses, mais il en ressortait que la jeune princesse manquait des connaissances nécessaires pour se mettre en valeur dans un endroit comme Versailles.

« C'était à craindre, elle va faire "province"... » pensa la favorite. Cela arrivait d'ailleurs fréquemment chez ces filles de la très grande noblesse, élevées le plus souvent dans des couvents... Mais pourquoi ne leur apprenait-on pas cette compétence si essentielle dans la vie d'une femme, celle de se faire belle ? Elle, Jeanne du Barry, née dans une chaumière, avait compris avant l'âge de douze ans que la beauté naturelle était un somptueux cadeau du ciel, mais que sans la toilette, la parure, une coiffure et un maquillage parfaits, et surtout sans l'art sans cesse retravaillé de plaire aux hommes, c'était peu de chose... Enfin, on apprendrait tout cela à la jeune princesse. La favorite était en soins de beauté et art de la séduction plus qu'une experte, une artiste. Et même, songeait-elle, enseigner le bon goût à cette petite serait sans doute un excellent moyen de gagner sa gratitude et son amitié.

Le carrosse de Marie-Joséphine pénétra dans la clairière par l'orée opposée. Elle aperçut par la fenêtre les tentes, les oriflammes et cette foule qui l'attendait et, soudain, sa panique fut extrême. Devant tout ce monde, il allait falloir mettre pied à terre, marcher jusqu'au roi et le saluer dans une lente et profonde révérence.

Marie-Joséphine ne manquait pas de courage. Malgré sa frayeur, elle n'hésita pas et descendit. Avec trop de précipitation, même, car, dans son trouble, elle faillit manquer le dernier échelon du marchepied et se tordit la cheville. Dieu merci, elle se rattrapa au bras de M. de Saint-Mégrin et ne tomba pas. Mais cet incident acheva de lui ôter tout ce qui aurait encore pu ressembler à de l'assurance, et c'est avec le cœur battant et l'impression d'avoir des cloches dans les oreilles qu'elle entama sa traversée de la clairière.

La veille, Mme de Valentinois et M. de Saint-Mégrin lui avaient raconté que la dauphine, pour accomplir un parcours presque identique, avait couru de manière charmante jusqu'au roi, comme si elle ne pouvait attendre plus longtemps le bonheur de se jeter dans ses bras, l'effet avait été tout à fait joli... Mais Marie-Joséphine avait refusé d'exécuter cette mise en scène. Chez elle, on ne se livrait pas à ces sortes de simagrées ; en public, on agissait avec dignité et retenue... Et puis, sans le dire, elle commençait à en avoir assez qu'on lui envoie sans cesse la dauphine à la figure. La dauphine avait fait comme ceci, la dauphine faisait toujours comme cela... Elle faisait comme elle voulait, grand bien lui fasse !

De toute façon, pendant ces cinquante pas jusqu'au roi, Marie-Joséphine aurait bien été incapable de courir, la timidité lui cassait les jambes. La distance lui paraissait soudain immense, elle avait l'impression que le roi était à l'horizon... Elle avançait très lentement, l'air d'aller à l'échafaud plutôt qu'à l'autel. Quinze jours plus tôt, elle aurait sans doute impeccablement accompli ce petit trajet, droite et sereine, mais, depuis Pont-de-Beauvoisin, elle avait appris à douter d'elle-même. Quelque chose chez elle ne plaisait pas à ces Français et elle ne comprenait pas quoi. Est-ce que tous ces gens-là, eux aussi, en ce moment même, étaient déçus ?

Ce que tous les assistants purent aussi envisager pendant ces quelques minutes, c'était la tête que faisaient Mme de Valentinois et M. de Saint-Mégrin. Tous deux suivaient leur princesse et, malgré leur impassibilité officielle, ils avaient la mine déconfite de gens qui sont partis pour acheter un cheval de prix et qui reviennent avec un tocard.

Mme de Valentinois se sentait à bout de patience. À Lyon, elle avait envoyé ses dames d'honneur acheter les cires et les crèmes à épiler les plus douces et les plus parfumées qu'on puisse trouver, ainsi que des crèmes pour le corps et pour le visage, des eaux de senteur et des produits de maquillage. Elle avait dépensé une fortune en articles de beauté. Elle avait dévalisé les meilleurs parfumeurs de Lyon. Eh bien, cette tête de mule de princesse n'avait pas voulu ouvrir ni sentir un seul flacon ! Elle les avait à peine regardés... Elle voulait d'abord, disait-elle, demander à son confesseur si user de ces artifices n'était pas un péché... Qu'à cela ne tienne ! Mme de Valentinois s'était mise en quatre et avait trouvé un confesseur, un prêtre de bonne composition, peu sévère envers les peccadilles de la coquetterie... Marie-Joséphine n'avait même pas accepté de le rencontrer ! Ce n'était pas le bon confesseur, disait-elle, elle n'avait pas confiance ; elle attendait celui que son ambassadeur, M. de la Marmora, avait choisi pour elle à Paris. En aucun cas elle ne voulait prendre le risque de se présenter à l'autel, le jour de son mariage, en état de péché mortel...

Il n'y avait rien eu à faire. Mme de Valentinois avait prodigué des trésors d'éloquence, mais cette fille était têtue comme il n'est pas permis. Et autoritaire avec ça ! Fille de roi, petite-fille de roi, parente du roi de France, elle se prenait à peu de chose près pour une reine... Quand elle avait dit « non », elle estimait que toute discussion était close... Il n'y avait même pas eu moyen de lui faire prendre un vrai bain. Elle exigeait une salle de bains spéciale où la baignoire soit entièrement masquée sous deux rangées d'épais rideaux. Bien entendu, on n'avait trouvé cela dans aucun des châteaux où l'on avait fait étape et la princesse s'était obstinée à faire des toilettes sommaires, revêtue d'une ample chemise qui lui descendait jusqu'aux pieds.

– Altesse, faites cela pour plaire à votre époux, disait parfois Mme de Valentinois à bout d'arguments.

– Mon époux ne pourrait se réjouir que j'arrive à lui en état de péché, répondait Marie-Joséphine.

Et voilà... Fin de ce voyage calamiteux : Mme de Valentinois se retrouvait face au roi et à toute la cour, escortant cette fille mal dégrossie, poilue comme un mousquetaire, marchant les pieds en dedans à force de timidité, et qui n'avait rien voulu qu'on fasse pour l'aider à réussir ce moment... Et le roi et toute la cour devaient être en train de se dire que Mme de Valentinois avait bien mal fait son travail... Morbleu, que la vie était injuste !

Marie-Joséphine parvint enfin jusqu'au roi. Les jambes tremblantes, elle esquissa le geste de s'agenouiller sur le tapis étendu par terre, mais Louis XV l'arrêta en lui prenant les mains. Puis, l'étreignant aux épaules, il l'embrassa sur les deux joues comme du bon pain. Marie-Joséphine en fut stupéfaite : jamais de sa vie, on ne l'avait traitée avec autant de familiarité... On ne s'embrassait qu'entre amies du même âge, et encore, avec parcimonie, parce que là aussi le péché pouvait s'infiltrer. Elle ne se souvenait pas avoir jamais été embrassée par ses parents... Pourtant ce baiser lui fut agréable. Louis XV avait pris le visage charmeur, câlin et malicieux, réservé aux femmes à qui il voulait plaire. Tout ce que Marie-Joséphine désirait à ce moment-là était qu'on la rassure, et le regard affectueux de Louis XV la délivra d'une grande partie de son angoisse. Dieu merci, elle ne déplaisait pas au roi. Il semblait le premier dans ce pays à ne pas la trouver consternante...

De son côté, Louis XV était bien un peu étonné par l'apparence de sa nouvelle bru, lui qui avait connu au cours de sa longue vie amoureuse des dizaines de femmes toujours soignées et arrangées à ravir, mais il n'en montra rien. L'événement était officiel. Tous les ambassadeurs étrangers se trouvaient là en train de prendre des notes. Un mariage était une circonstance joyeuse, la moindre des choses était qu'il eût l'air enchanté. Et puis, sincèrement, Louis XV se sentait attendri par cette petite cousine savoyarde. Il aimait tout ce qui venait de la Savoie. Elle n'était pas très jolie, en effet, la pauvrette, mais sa peau et ses muscles avaient l'irremplaçable fermeté de la jeunesse, et elle était si inexpérimentée et si touchante...

Louis XV se tourna vers le comte de Provence, lui prit la main et la posa dans celle de Marie-Joséphine.

– Ma fille, dit-il, je vous présente votre mari.

Elle trouva le comte de Provence très beau. À Turin, elle n'avait pas l'habitude des garçons blonds aux yeux bleus. Et lui aussi souriait joyeusement et affectueusement...

Louis-Stanislas avait réfléchi aux attitudes que son mariage allait l'amener à adopter. Il était possible que la fille soit laide, ou seulement pas très belle, le portrait envoyé par sa famille pouvait le laisser craindre... Dans ce cas, il ne laisserait pas les moqueries s'abattre sur leur couple. Il recevrait Marie-Joséphine avec un plaisir manifeste et ferait largement savoir qu'il la trouvait parfaite. Qui oserait contredire le deuxième prince du sang quand il affirmerait que sa femme était belle ? Bien entendu, il ne tordrait pas complètement le cou à la médisance ; à Versailles, elle avait de nombreux cous, et très coriaces ; mais on médirait certainement plus discrètement.

Il calqua donc son attitude sur celle de son grand-père. Il baisa la main de Marie-Joséphine, puis, pensant que l'idée de Louis XV du baiser sur les joues était une fameuse trouvaille, il l'embrassa de même ; et il se permit même de le faire trois fois. Et, en effet, ce geste bon enfant eut beaucoup de succès. De nombreux assistants applaudirent. Décidément, à la cour comme chez les gens ordinaires, on aimait de plus en plus les démonstrations sentimentales.

Le roi présenta :

– Votre frère le dauphin... Votre sœur la dauphine...

Le dauphin, en plus grand, ressemblait à son frère. Il était le seul à ne pas sourire, mais Marie-Joséphine eut la rapide impression qu'il était quelqu'un de bon qui ne lui ferait pas de mal. Elle eut pour lui un timide sourire, qu'il lui rendit. Pour Louis, c'était le premier de la journée.

Marie-Joséphine redoutait de rencontrer la dauphine, cette dauphine dont on lui rebattait les oreilles depuis qu'il était question pour elle d'aller en France. À coup sûr, Marie-Antoinette allait vouloir établir sa supériorité sur elle dès le premier jour... Elle eut la surprise de découvrir une fille plus jeune qu'elle, au gentil sourire dont elle ressentit la franchise... En effet, Marie-Antoinette la considérait avec une fraternité qui n'était pas jouée. Quand elle avait vu Marie-Joséphine manquer s'étaler à sa descente de carrosse, elle avait définitivement compris que cette belle-sœur ne serait jamais une menace – ce que sa mère lui avait d'ailleurs annoncé. Par suite, elle avait ressenti une véritable sympathie pour la pauvre intimidée, et ce fut cette expression sincère que Marie-Joséphine rencontra et n'oublia pas.

Le carrosse du roi fit demi-tour et reprit le chemin de Fontainebleau, au pas pour que la foule qui attendait le long de la route puisse apercevoir les jeunes mariés. Les voitures des invités s'organisèrent en cortège. La clairière peu à peu se vida.

De retour au château, chacun se jeta sur son écritoire. La France et l'Europe attendaient la description de cette journée. Louis XV commença par les remerciements d'usage aux parents de Marie-Joséphine. Quelques lieux communs, c'était un courrier officiel : *La princesse est charmante. Elle fera le bonheur de la cour ainsi que le mien...*

Puis il écrivit à son petit-fils l'infant de Parme[1]. Celle-là était une lettre privée, mais Ferdinand saurait que son grand-père désirait qu'il la lise autour

1. La fille aînée de Louis XV, Madame Elisabeth, qu'il aimait tout particulièrement, était la seule de ses filles à s'être mariée. Elle avait épousé le duc de Parme dont elle eut trois enfants, dont un garçon, l'infant Ferdinand de Parme.

de lui. Une lettre théoriquement familiale, rendue publique, était un bon moyen pour faire passer dans les cours étrangères une opinion soi-disant intime. Dans cette sorte d'exercice, il fallait en faire ni trop, ni trop peu :

J'arrive de recevoir la comtesse de Provence. Elle est très bien faite, pas grande, de très beaux yeux, fort brune de cheveux et de sourcils et la peau parfaite pour une brune...

C'était le moment d'ajouter une légère grivoiserie qui accentuerait le côté personnel de la lettre :

... Sans être jolie, elle est très agréable et si j'avais quelques années de moins, après l'avoir vue, je l'aurais bien prise pour moi.

Le comte de Mercy-Argenteau, lui non plus, ne perdit pas une minute pour rendre compte de cette matinée à Marie-Thérèse. Il rentrait de la forêt absolument ravi : la Piémontaise était inoffensive.

Sacrée Majesté, le 11 mai, toute la famille royale se rendit au-devant de Mme la comtesse de Provence. Sa figure n'est point bien et son maintien peu agréable... Sa contenance est froide, embarrassée ; elle parle peu, sans grâce, et elle n'a rien de ce qui est nécessaire pour plaire à cette nation.

L'indulgence n'étouffait pas Mercy. Il se serait laissé découper en morceaux pour Marie-Thérèse et Marie-Antoinette. Il bannissait de sa correspondance ou de sa conversation tout mot qui aurait pu heurter la sensibilité de la mère ou de la fille. Mais il estimait n'avoir pas de gants à prendre pour Marie-Joséphine, dont on voulait faire une rivale pour Marie-Antoinette... Au contraire même, la démolir à l'étranger surcontrerait les manœuvres du clan du Barry.

Chapitre 6

CONFIDENCE POUR CONFIDENCE

Les fêtes du mariage pouvaient commencer.

Il y eut souper au Grand Couvert, grand-messe à la chapelle de Versailles, bal dans le nouvel Opéra royal, illuminations et feux d'artifice. La comtesse du Barry triomphait. Elle présidait les fêtes, tout simplement. Elle avait décidé le programme, engagé les acteurs, ordonné les dépenses, et tout le monde le savait. Certes, la princesse de Savoie n'était pas à la hauteur des projets échafaudés pour elle, mais tout Versailles assistait à l'indiscutable montée en puissance de la favorite.

Le comte de Provence avait bien compris que Mme du Barry comptait faire de sa maison à lui un instrument de son pouvoir à elle. Il avait décidé de ne pas s'y opposer. Grâce à la favorite, il avait obtenu une maison équivalente à celle du dauphin, ce qui était inespéré. Et on ne la lui retirerait jamais ! car revenir sur ce genre de nominations déclencherait une émeute parmi les courtisans... Tous les membres de sa maison appartenaient au clan du Barry ? Aucune importance. Dans l'immédiat, cela le faisait bien voir de son grand-père. Et dans le futur, quand la favorite disparaîtrait, soit que le roi se fatigue d'elle, soit qu'il meure, toute cette maison se regrouperait autour de son chef naturel, lui, le comte de Provence... Le temps était avec lui, Louis-Stanislas-Xavier qui avait quinze ans et demi.

Au bal, ceux qui avaient misé sur Marie-Joséphine eurent une heureuse surprise : la comtesse de Provence dansait parfaitement. Et en mesure ! Ce qui était loin d'être le cas de la plupart des habitants de Versailles, et particulièrement pas celui de Marie-Antoinette dont l'esprit bohème était imperméable à cette notion.

– Que veut dire exactement « danser en mesure » ? demanda-t-elle le lendemain, un peu vexée, à l'abbé Vermond. Tout le monde s'extasie sur ma belle-sœur...

– Cela veut dire qu'elle danse en suivant les temps de la musique, comme si elle jouait avec les musiciens.

– Et moi, je ne danse pas en mesure ?

– Je dois dire que non, Altesse... Comptez-vous les temps dans votre tête, quand vous dansez ?

– Non. Comment apprend-on cela ?

– Cela se travaille, Altesse. Comme le solfège.

– Croyez-vous qu'on puisse me trouver un maître de danse ?

– Bien entendu. Parlez-en à madame de Noailles... Toutefois, il y aura des gens pour dire que vous prenez des leçons parce que vous êtes mortifiée de la virtuosité de votre belle-sœur.

– C'est sûr... C'est comme si j'entendais déjà les amies de la Barry.

– Je crois que j'ai une idée, Altesse.

– Dites-la...

– Proposez à votre mari de prendre ces leçons avec vous. Cela donnera une image charmante et unie de votre couple, et l'on ne pensera pas à Madame de Provence.

– Très bien ! Nous ferons ainsi.

En outre, Vermond pensa sans le dire que des leçons de danse feraient le plus grand bien au dauphin qui se déplaçait dans l'espace avec une absence absolue de grâce. Et Marie-Antoinette se dit de son côté qu'il ne serait pas désagréable de ramener un peu l'attention générale sur elle et son mari.

Le soir qui suivit la messe de mariage, on célébra le rituel de la nuit de noces. Tout se passa comme le soir du mariage de Marie-Antoinette et du dauphin, mais, ce soir-là, ils se trouvaient parmi les témoins et non dans le lit.

Dans la chambre de Marie-Joséphine, Marie-Antoinette, Mesdames et les premières princesses du royaume dévêtirent la jeune mariée et lui passèrent une vaste chemise de nuit blanche. Puis elles la conduisirent avec solennité jusqu'au lit où elle prit place, assise, adossée à de gros oreillers.

Marie-Joséphine était au supplice. Elle était pudique à l'extrême et se montrer ainsi à toutes ces dames était affreux pour elle. La chemise était immense et l'on ne voyait pas un pouce de sa peau ; pas un orteil ne dépassait ; elle portait une ample sous-chemise et l'on n'avait rien vu de son corps au déshabillage ; elle avait conscience que cette cérémonie était indispensable pour un couple qui donnerait peut-être naissance à un héritier de la Couronne ; mais, tout de même, ces moments étaient une contrainte terrible... Et le plus pénible restait à faire parce que, dans quelques instants, le cortège accompagnant son mari entrerait et tous ces hommes la verraient ainsi, en chemise et au lit...

Marie-Antoinette se souvenait de sa propre nuit de noces et plaignait sa belle-sœur. Ce moment, se disait-elle, alors que l'on venait à peine d'arriver et qu'on ne connaissait encore personne dans ce pays, était vraiment difficile à passer... Toutefois, quelque chose l'étonnait énormément. C'était la première fois qu'elle voyait Marie-Joséphine de manière aussi intime, et l'épaisseur de ses sourcils ainsi que l'abondance des poils qu'elle avait sur le front et la nuque la surprenaient beaucoup. Elle-même, Marie-Antoinette, avec ses cheveux clairs et fins comme ceux d'un enfant, n'avait jamais eu aucun souci de cet ordre. Ses sœurs, non plus. Et à Versailles, elle n'avait jamais vu cela... Il faut dire qu'elle ne rencontrait à la cour que des femmes raffinées à l'extrême, qui utilisaient sans épargner leur peine les pinces et les cires à épiler à la moindre menace de poil disgracieux.

Aucune des dames présentes ne semblait rien remarquer ; Marie-Antoinette fit donc comme si rien ne l'étonnait, mais elle se promit de s'informer. Il faudrait poser la question à une dame de la cour, jeune et expliquant les choses sans faire d'embarras...

Le roi, le dauphin et les princes firent leur entrée, conduisant le comte de Provence, lui aussi revêtu d'une chemise blanche tombant jusqu'aux pieds. Ils l'accompagnèrent jusqu'à son côté du lit, où il entra avec enthousiasme. Autant sa femme se faisait petite comme si elle espérait disparaître entre les oreillers, autant le comte de Provence s'installa sous le baldaquin comme s'il prenait possession d'un royaume.

Le roi ferma les rideaux du lit. Les témoins, hommes et femmes, se répartirent tout autour de la pièce. Alors, le roi les rouvrit largement afin que tous puissent constater que le comte et la comtesse de Provence étaient bien couchés dans le même lit et que – en tout cas symboliquement – leur mariage était accompli. Le roi referma les rideaux. Les témoins saluèrent et quittèrent la pièce, laissant les jeunes mariés en paix.

Le lendemain, le comte de Provence affichait l'air radieux qui ne le quittait pas depuis l'arrivée de Marie-Joséphine. Le roi, en versant le café, lui demanda s'il avait été heureux.

– Sire, répondit Provence, j'ai été heureux quatre fois.

Le roi sourit de cette vantardise de garçon de quinze ans. Bien entendu, Provence en rajoutait, mais, décidément, ce garçon lui plaisait ; il avait bien compris l'image gaillarde et bon enfant que, depuis Henri IV, le Vert-Galant aimé entre tous, les Français avaient plaisir à retrouver chez leurs princes. Allons, tout allait bien, et Dieu merci ! le couple Provence ne semblait pas se heurter aux mêmes difficultés que le dauphin et la dauphine...

On félicita Marie-Joséphine. Quelqu'un lui demanda si, elle aussi, avait été bien heureuse.

– Je ne sais pas... répondit Marie-Joséphine, et cette réponse était absolument sincère.

Elle trouvait que tout était confus. Il y avait eu cette soirée si embarrassante où tout le monde avait défilé autour de sa chambre. Après leur départ, son mari s'était tourné de son côté du lit et avait dormi jusqu'au matin. Elle, trop troublée, n'avait pas pu s'endormir. Pourquoi cet enthousiasme général ?

Le comte de Provence se connaissait. Il n'avait que très rarement des désirs amoureux. Il ne savait pas pourquoi il était fait ainsi, mais il constatait ce fait. Peut-être était-ce dû à sa santé délicate ? Il était souvent malade, il prenait pour un rien des bronchites et des infections, et devait se surveiller avec soin... Peut-être une nature plus active lui viendrait-elle avec le temps ? Toutefois, dans l'immédiat, il n'avait pas l'intention que cette faiblesse se sache. Il avait l'exemple de son frère aîné sous les yeux : le dauphin et la dauphine avaient bêtement mis tout Versailles au courant de leurs difficultés de couple. Au vu et au su de toute la cour, ils dormaient chacun chez soi... Lui ne serait pas si maladroit. Les Provence se conduiraient comme un ménage exemplaire. Il coucherait toutes les nuits auprès de sa femme et afficherait un air comblé quand on lui parlerait de sa vie conjugale. Et il ferait la leçon à Marie-Joséphine pour qu'elle ne fasse à personne de confidences sur leur vie privée... C'était aussi simple que cela. Comment son frère n'y avait-il pas pensé ?

Et il ne fallait rien exclure : il avait peu de désirs, mais il en avait parfois. Si, avec Marie-Joséphine, ils parvenaient à avoir un enfant, un garçon, cela serait vraiment très bien... pourtant, ce n'était pas cela le plus important. Le plus important était que Louis et Marie-Antoinette ne parviennent jamais à en avoir un, de garçon... Tant qu'ils n'en auraient pas, l'héritier du trône, ce serait lui.

Les fanfaronnades du comte de Provence furent un épisode désagréable pour Louis et Marie-Antoinette. Personne ne leur faisait de remarque en face, mais il leur semblait que tout le monde pensait en les voyant – et, à peu de chose près, c'était le cas : « Alors, le petit prince viendra-t-il donc au monde chez les Provence ? »

Le roi marquait tant d'attentions à son deuxième petit-fils que c'en devenait gênant pour l'aîné. Louis ne croyait pas un mot des prétendues prouesses de son frère ; il le connaissait bien, ils avaient vécu un certain nombre d'années dans le même appartement. « Gasconnades... », se disait-il en haussant les épaules. Mais il gardait cela pour lui. Il ne voulait pas se permettre d'avoir l'air jaloux.

Toutefois, le jeune Provence faisait preuve d'une certaine naïveté quand il croyait pouvoir garder un secret comme celui-là dans un endroit comme Versailles. Et surtout, il se surestimait en pensant pouvoir tromper un investigateur aussi attentif que le comte de Mercy-Argenteau.

« Le comte de Provence se vante, c'est certain, pensait Mercy, mais en quelle proportion ? Un peu, beaucoup, ou totalement ? »

Les Provence avaient un énorme train de maison. De nombreux domestiques vivaient presque au contact du couple princier. Les valets et les chambrières, ceux qui changeaient chaque jour le linge ou dormaient dans les garde-robes voisines de la chambre à coucher au cas où Leurs Altesses aient quelque besoin, ceux-là savaient tout de l'intimité de leurs maîtres. Bien entendu, ils étaient tenus au silence par serment. Quand ils entraient en fonction, ils s'engageaient à garder le secret sur tout ce qu'ils pourraient voir ou apprendre de la vie de leurs maîtres. Mais, à Versailles, la rapacité était aussi vive chez les domestiques que chez les grands seigneurs, le serment ne faisait qu'augmenter les prix. Tous les secrets étaient à vendre. Ceux touchant les sujets intimes comme les autres, c'étaient même les plus chers. Ce qui importait peu à Mercy, qui savait se montrer généreux de l'argent autrichien.

Il envoya ses valets les plus adroits lier amitié avec leurs collègues de la maison Provence. Quelques bourses rondes apaisèrent les scrupules et les agents de Mercy obtinrent le renseignement que leur maître désirait : à ce jour, aucun enfant n'était susceptible de naître chez le comte et la comtesse de Provence.

Cette révélation était si capitale pour l'Autriche et pour Marie-Antoinette que Mercy jugea nécessaire de creuser davantage. Il se doutait bien qu'il n'était pas le seul à épier l'intimité des Provence. Il s'orienta vers Mme du Barry. Tenant la maison du jeune couple sous sa main, elle devait disposer des meilleures sources d'informations.

Mercy avait toujours veillé à entretenir des relations cordiales avec la compagne du roi. Discrètes, mais régulières. C'est lui qui avait obtenu de Marie-Antoinette qu'elle adresse la parole en public à la favorite ; elle ne l'oubliait pas et lui en gardait une amitié ingénue.

Mme du Barry avait une notable faiblesse pour une personne occupant une position comme la sienne : elle aimait qu'on l'aime. Les marques de rejet et de mépris qu'elle pouvait recevoir la blessaient réellement. Et les blessures qu'elle craignait par-dessus tout étaient celles venant de Marie-Antoinette.

La favorite, ces derniers temps, avait obtenu du roi toutes les faveurs et tous les honneurs. Le mariage du comte de Provence avait été son apothéose. Mais il y en avait un qui lui manquait encore, c'était la familiarité avec la dauphine. Et c'était celui qu'elle désirait le plus. Elle souffrait de la froideur et de la distance infranchissable que Marie-Antoinette mettait entre elles.

Mercy avait réussi à persuader Mme du Barry qu'il était la seule personne capable d'influencer Marie-Antoinette. (Il savait bien, lui, que c'était loin d'être le cas. La dauphine avait une forte personnalité, doublée d'une tête de bois. Une seule personne – au monde ! – était capable de la faire obéir, c'était sa mère, l'impératrice Marie-Thérèse, depuis Vienne. Mais, cela, n'est-ce pas, la favorite n'avait pas besoin de le savoir, les courriers spéciaux échappant à l'espionnage de la poste et du roi n'étaient pas faits pour les chiens.)

Mercy avait réussi à établir entre Mme du Barry et lui, sans qu'elle s'en rende vraiment compte, une relation s'apparentant au donnant-donnant. Il détenait le pouvoir que la dauphine lui adresse la parole, ou du moins ne l'ignore pas de façon trop humiliante. De son côté, la favorite pouvait obtenir du roi qu'il traite la dauphine avec amitié en public, ce qui était excellent pour le moral de Marie-Antoinette, et hautement important pour le prestige autrichien.

Depuis certains vœux du jour de l'an[1], la balle était dans le camp de Mercy. Ce jour-là, il avait rendu un tel service à la favorite (du moins, elle le croyait et il se gardait de la détromper) qu'il pouvait lui demander beaucoup en retour. Il avait pris soin de ne pas gaspiller cet acquis. Il le conservait pour un jour où il en aurait vraiment besoin. Ce jour était venu, estimait-il. Malgré l'impatience qu'il avait de questionner Mme du Barry, il attendit que l'invitation à une conversation vienne de chez elle. Se montrer trop pressé pourrait trahir l'importance qu'il attachait à la confidence qu'il voulait obtenir d'elle.

La favorite ne fit pas de difficultés pour révéler à Mercy ce qu'elle savait sur l'intimité des époux Provence. Pour tout dire, ces histoires de jeunes mariés qui avaient ou n'avaient pas de relations amoureuses – en l'occurrence, plutôt pas – l'intéressaient peu. Elle se contentait de trouver que cette jeunesse était décidément bien fragile et compliquée. En ce qui la concernait, il lui était égal qu'un possible futur héritier du trône – qui

1. Voir *Marie-Antoinette, À la cour de Versailles* (tome 2). C'est au cours des vœux du nouvel an de 1772 que Marie-Antoinette, après des mois de silence, accepte d'adresser une dizaine de mots en public à Mme du Barry.

régnerait dans trente ou quarante ans – naisse chez les uns ou chez les autres. Bien sûr, elle aurait préféré que cet événement survienne chez les Provence, puisque leur maison était en quelque sorte sous son patronage... Mais elle savait bien qu'au fond, cela ne changerait rien pour elle. Ce qui comptait vraiment pour Jeanne du Barry, c'était que le roi conserve encore longtemps sa bonne santé. Après tout, il n'avait que soixante-deux ans et se portait comme un charme. Le roi précédent, son arrière-grand-père Louis XIV, n'avait-il pas régné jusqu'à l'âge de quatre-vingts ans ?

Mme du Barry confirma à Mercy ce qu'il savait déjà : Marie-Joséphine, à ce jour, était aussi vierge qu'à son arrivée. Mme de Valentinois était catégorique sur ce sujet. De plus, MM. de la Vauguyon et de Saint-Mégrin, le père et le fils, connaissaient le comte de Provence depuis l'enfance. Ils disaient qu'il n'avait jamais montré de signes annonçant un tempérament fringant. M. de la Vauguyon, un an plus tôt, avait même demandé en secret l'avis d'un médecin, lequel avait parlé de mauvaise complexion générale...

– Le roi est-il au courant ? demanda Mercy.

– Bien entendu. Mais le roi ne peut oublier le garçon de quinze qu'il était, vif et plein de santé ; il ne peut se défendre de penser que ces embarras seront passagers chez ses petits-fils... Toutefois, il y a quelques jours, il avait un de ses accès de mélancolie... Vous savez comme il est ? Parfois, il a des moments d'humeur noire et de découragement dont je ne sais comment le sortir... Eh bien, il a dit alors qu'il n'espérait plus de succession que dans celle que lui donnerait le comte d'Artois.

Ces confidences intéressaient prodigieusement Mercy, mais il s'abstint de poser d'autres questions. Mieux valait laisser à Mme du Barry l'impression qu'ils n'avaient tenu qu'une conversation, indiscrète certes, mais assez ordinaire, ma foi, à Versailles... L'esprit de la favorite revint naturellement à la question qui lui tenait le plus à cœur :

– Savez-vous si Madame la dauphine a l'intention de me parler bientôt ?

– Je vous l'ai déjà dit, madame : après le bon accueil que vous avez reçu au jour de l'an, il est convenable de laisser les choses dans ces termes pendant quelque temps. Ne faites pas de plainte et continuez à ne plus vous montrer au cercle chez la dauphine, vous lui simplifierez considérablement la tâche. Dans ces conditions, je pourrai peut-être obtenir quelque chose pour vous.

– Je vous en aurai de la reconnaissance, monsieur. Avez-vous transmis à Madame la dauphine que j'ai pour elle beaucoup d'amitié ?

– Je n'y ai certainement pas manqué, madame, assura Mercy qui n'en avait pas dit un mot.

– Et alors ?

– Elle s'en souviendra. Vous savez que les sentiments malveillants sont naturellement étrangers à son esprit.

Réponse brumeuse qui n'engageait Mercy à rien, mais Mme du Barry s'en contenta... Au reste, pensa Mercy, le moment aurait été particulièrement mal choisi pour demander ce genre d'efforts à Marie-Antoinette. Après les mises en scène fastueuses et presque insultantes du mariage de Marie-Joséphine, Marie-Antoinette en voulait plus que jamais à la favorite. Enfin, tant mieux si Mme du Barry n'était pas assez fine pour s'en rendre compte toute seule.

Décidément, songea Mercy après avoir pris congé, quand elle était livrée à elle-même, c'est-à-dire sans l'appui de ses amies Valentinois, Mirepoix et consorts, la favorite était absolument dépourvue de la méchanceté naturelle nécessaire pour survivre à une place comme la sienne...

Il demanda sa voiture, rentra à Paris aussi vite qu'il le put et rédigea la lettre suivante :

Sacrée Majesté, M. le dauphin persiste dans ses bons procédés, sa complaisance et sa douceur envers Mme la dauphine. Il en est de plus en plus occupé et enchanté ; mais les circonstances de leur mariage restent encore suspendues. M. le comte de Provence est dans la même situation, et on a des sujets de croire qu'il y restera plus longtemps que M. le dauphin.

On pouvait respirer à Vienne, et aussi à Versailles chez Louis et Marie-Antoinette... La situation n'avançait pas chez le dauphin et la dauphine, mais c'était pire chez les Provence.

Chapitre 7

AFFAIRE D'ÉTAT

Versailles était donc une maison de fous ?

Marie-Joséphine s'installait dans sa nouvelle vie. Et elle était stupéfaite. À Turin, elle avait vécu dans le calme, l'intimité, presque le recueillement. Rien n'était donc organisé, ici ?

Elle ne tirait aucun orgueil de sa maison surabondante. Au contraire, elle ne pouvait s'habituer à cet appartement toujours envahi de monde. Elle confia son désarroi à sa famille :

Je suis excédée de visites, car à Turin il y a le baisemain, ici il n'y en a pas ; toutes les dames viennent à l'heure qu'elles veulent et elles viennent à la débandade.

Mme de Valentinois et sa troupe de dames d'honneur lui faisaient peur. Ces femmes étaient plutôt bonnes et bien disposées à son égard, mais elles semblaient n'avoir aucune conscience du péché. Tout simplement, elles n'en tenaient jamais compte... Alors que pour Marie-Joséphine et ses parents, au contraire, le désir d'éviter le péché était le point de départ de toute réflexion et de toute conduite.

Quand Marie-Joséphine parlait de piété, ses dames avaient manifestement l'air de considérer que ces histoires n'étaient que des enfantillages, les restes d'une éducation trop rigide qui seraient d'ailleurs vite balayés par la liberté régnant à Versailles... Cette manière de voir aurait pu influencer une personnalité moins forte que celle de Marie-Joséphine, mais la jeune Savoyarde avait une certitude : ces personnes se trompaient. L'amour de Dieu et l'horreur du péché étaient pour elle beaucoup plus que des habitudes d'enfant. C'étaient des sentiments profonds, acceptés, inséparables d'elle-même. Et ce ne serait pas la frivolité de Versailles qui la ferait changer. Au contraire, même. Elle était une grande princesse, la deuxième dame du royaume, son devoir était de donner l'exemple.

Mme de Valentinois et ses dames d'honneur semblaient avoir une idée fixe : la coiffer, la poudrer, l'épiler, la parfumer. Marie-Joséphine refusait avec méfiance. Où voulait-on l'entraîner avec tout cela ? Elle avait maintenant un confesseur, un abbé italien que lui avait présenté M. de la Marmora, et qui venait quatre fois par semaine à Versailles pour s'entretenir avec sa pénitente. Ce prêtre lui parlait en italien, ce qui lui réchauffait le cœur. Et il était le seul dans ce pays à lui tenir un discours en harmonie avec ce qu'elle avait toujours cru. Oui, la coquetterie était un péché. Non, elle n'avait pas rêvé quand elle avait appris cela. Oui, elle devait plaire à son mari, mais seulement à lui. Oui, l'immodestie qui régnait à Versailles était condamnable.

C'était auprès de Marie-Antoinette et de Mesdames que Marie-Joséphine se sentait le moins dépaysée. Pendant son voyage, elle avait redouté de rencontrer Marie-Antoinette, mais, au rendez-vous de Fontainebleau, le gentil sourire de celle-ci, son regard curieux et amical l'avaient conquise dès la première minute ; elle avait eu le sentiment de trouver une amie. De son côté, Marie-Antoinette ressentait que Marie-Joséphine l'aimait et l'admirait, et c'étaient des sentiments auxquels elle était incapable de résister.

Les meilleurs moments de la vie de Marie-Antoinette avaient été ceux passés avec ses sœurs en Autriche, et surtout avec sa chère et douce Marie-Caroline, son aînée de deux ans. Marie-Caroline s'était mariée, elle était partie pour Naples, il avait fallu se séparer. Cette séparation avait été une déchirure. Mais, pour Marie-Antoinette, il s'était passé tellement de choses dans les mois, puis les années qui avaient suivi : la France, le voyage, Versailles... Alors, insensiblement, sans y penser vraiment, la blessure s'était peu à peu refermée. Quand Marie-Joséphine arriva, elle redécouvrit à quel point elle aimait la compagnie et la complicité d'une fille du même âge qu'elle. Les deux jeunes filles se lièrent vite, passèrent des journées ensemble, et purent rester des heures à parler de tout et de rien.

Mesdames, quand de nouveaux arrivants rejoignaient la famille royale, craignaient toujours – sans vraie raison d'ailleurs – que ce survenant ou cette survenante ne soit une menace pour elles. À quarante ans, elles ressentaient l'éternelle angoisse des enfants délaissés : elles craignaient qu'on les aime moins, et surtout que leur père les aime moins. Toutefois, comme cela s'était passé pour Marie-Antoinette, cette anxiété cessa dès que Marie-Joséphine fut arrivée. Elles aussi furent émues par la solitude de la jeune Savoyarde, et lui ouvrirent tout grand leur appartement. Marie-Joséphine se sentait bien chez Mesdames. Ses nouvelles tantes, comme elle, croyaient vraiment en Dieu, ce qui n'était pas si fréquent à Versailles.

Adélaïde et Victoire, dès qu'elles se sentirent assez intimes avec Marie-Joséphine pour aborder des sujets un peu délicats, lui recommandèrent gentiment l'emploi de poudre sur la chevelure et de cire à épiler...

– La cire ne fait pas mal, ajouta Victoire en riant – Victoire riait volontiers –, je ne voulais pas essayer, j'ai poussé des cris quand on a retiré la cire, mais je dois avouer que je n'avais rien senti du tout.

– Croyez-vous que j'ai peur d'avoir mal ? demanda Marie-Joséphine.

Et elle raconta. Ses scrupules. Sa crainte de la coquetterie, de l'impudeur, de l'immodestie, toutes ces fautes qui amènent au péché d'orgueil, le pire des péchés... Ses tantes l'écoutèrent avec gravité. Elles ne sourirent pas. Elles ne se moquèrent pas. Elles ne réprimèrent pas une moue d'exaspération comme le faisait Mme de Valentinois en pareil cas. Elles comprenaient.

– Vous êtes bien sévère avec vous-même, ma nièce, dit Adélaïde. Nous ne pouvons que vous en admirer, mais je crains que cela ne vous simplifie pas la vie à Versailles.

– Votre confesseur est-il très exigeant ? demanda Victoire.

– Pas du tout, répondit Marie-Joséphine, il réprouve les habitudes frivoles de la cour mais ne m'oblige à rien. C'est moi seule qui pense accomplir ainsi mon devoir.

– Si nous vivions dans un autre lieu que Versailles, dit Adélaïde, je demanderais à genoux à Dieu la force de vous imiter. Mais nous sommes à la cour, qui est un endroit tout particulier. Notre aïeul Louis XIV a dit un jour : « Nous nous devons tout entier au public. » Nous devons nous parer, porter des bijoux, présenter en toute circonstance un extérieur parfait ; ce n'est pas pour la satisfaction de notre vanité, mais par respect du peuple français. C'est à nous, dans notre cœur, de faire la différence. Et, vous avez raison, il est facile de confondre la gloire de la monarchie avec la nôtre, et de tomber dans la vanité... Mais je crois que vous comprendrez cela mieux qu'une autre quand vous aurez passé un peu de temps ici.

Le jour de l'arrivée de Marie-Joséphine, on lui avait présenté Mme du Barry. Son mari lui recommanda de se montrer particulièrement attentionnée envers cette dame que le roi aimait beaucoup. Instructions auxquelles elle obéit.

C'est-à-dire qu'elle adressait quelques mots courtois à cette belle personne quand elle la rencontrait, et qu'elle la recevait poliment dans son appartement quand elle s'y présentait. En fait, elle ne faisait rien de plus pour la favorite que pour les nombreuses dames qui envahissaient sans cesse son intérieur, mais c'étaient des attentions que la favorite n'avait jamais obtenues de Marie-Antoinette ni de Mesdames, ce que Marie-Joséphine ignorait. Et ce n'était pas l'équipe de ses dames d'honneur qui risquait de la mettre en garde. Lors de ces rencontres, Marie-Joséphine avait trouvé Mme du Barry plutôt sympathique, plus simple et naturelle que la plupart des autres dames de Versailles.

Marie-Joséphine s'en alla pour quelques jours de repos au petit château de la Muette. La veille de son retour, Mme de Valentinois lui offrit une fête dans sa maison de campagne qui était toute proche, au village de Passy. Bien entendu, Mme du Barry était là. Marie-Joséphine passa de longs moments auprès de la favorite. Elle sourit à ses remarques amusantes. Mais, surtout, poussée par Mme de Valentinois qui avait combiné chaque minute de sa soirée, Marie-Joséphine reçut la favorite dans l'intérieur des appartements pour une longue conversation en privé. Pour Mme du Barry, une telle marque d'amitié venant d'un membre de la famille royale, c'était le zénith du succès.

Le lendemain, en apprenant cela, Marie-Antoinette et Mesdames crurent tomber raides.

En rentrant à Versailles, Marie-Joséphine fut stupéfaite d'être accueillie par sa belle-sœur et ses tantes avec des visages glacés et un silence lourd de reproches. Des larmes lui montèrent aux yeux.

– Vous êtes fâchées contre moi... Mais que vous ai-je fait ?

Marie-Antoinette, qui ne savait pas plus retenir un éclat de colère qu'un éclat de rire, se jeta à l'attaque :

– Aviez-vous besoin hier de faire tant de caresses à la Barry ?

– Des caresses ? J'ai seulement été polie...

– Vous la traitez comme une amie !... Cette femme est la honte de la cour. Aucune de nous ne lui adresse jamais la parole. Et, par vos cajoleries, vous nous rendez ridicules !

Marie-Joséphine ouvrit des yeux ébahis. Elle ne comprenait pas.

– Mais, observa-t-elle, toutes mes dames ont pour elle des égards...

– Et pour cause, dit Marie-Antoinette, elles lui doivent leurs places.

– Mon mari m'a ordonné de lui témoigner de l'amitié.

Marie-Antoinette et Mesdames échangèrent un coup d'œil.

« Ah ! le traître, le faux frère... », disait ce regard.

– Et n'est-elle pas la meilleure amie du roi ? ajouta encore Marie-Joséphine.

Il y eut un silence. Ce fut Adélaïde qui le rompit.

– Ma nièce, on abuse de votre ignorance. Savez-vous qui est vraiment cette femme que vous honorez de votre protection ?

Marie-Joséphine secoua la tête.

– C'est une fille de rien. Une créature de néant. Elle a connu plus d'hommes qu'il y en a dans une compagnie de gardes. Elle vit dans le péché le plus total, et elle entraîne le roi à vivre de la même façon.

– Le roi... vit dans le péché... avec madame... avec cette personne ?

Marie-Joséphine eut de la peine à terminer sa phrase tant elle lui paraissait sacrilège. Comment était-ce possible ? Le roi de France ?...

– Nous comprenons ce que vous ressentez, continua Adélaïde. Pour nous aussi, cette idée est si pénible qu'il nous est difficile d'en parler... Mais cette situation honteuse est vraie et certaine. Tout le monde le sait ici sauf vous. Le roi a une faiblesse inconcevable pour cette femme. Mais cela ne durera pas. Un jour, bientôt, il verra son erreur et la chassera...

Le renvoi de la du Barry... C'était l'espoir qui faisait vivre Adélaïde. Il n'y avait pas signe pouvant laisser croire que le roi se détachait de son amie. Au contraire, il semblait plus amoureux que jamais. Il venait de la combler de cadeaux et d'honneurs. Mais Adélaïde voulait y croire.

Depuis trois ans, elle interprétait chaque soupir du roi, chaque moment de fatigue, comme des preuves que sa passion était en train de le quitter. Dans chaque cadeau qu'il faisait à sa compagne, elle voyait un cadeau de rupture. Pendant vingt ans, elle avait espéré de la même façon le renvoi de la Pompadour, la précédente maîtresse de son père. Mme de Pompadour n'avait jamais été renvoyée, la maladie l'avait emportée, elle était morte à son poste de favorite.

De son côté, Marie-Antoinette ne croyait pas vraiment à un renvoi possible de la du Barry. Vermond et Mercy l'avaient avertie que cet événement était très peu probable.

– Nous ne parlons jamais à cette femme, expliqua Marie-Antoinette, et le moins possible à ses amis. On vous dira sans doute que le dernier jour de l'an, j'ai parlé à la Barry... C'est vrai : je lui ai adressé dix mots. J'y étais obligée, le roi m'en avait fait tenir l'ordre. Mais je puis vous garantir qu'elle n'entendra plus ma voix.

Marie-Antoinette vit alors dans le regard de Marie-Joséphine que tout ce qu'elle pourrait ajouter pour la monter contre la favorite était inutile. Cette femme lui faisait désormais horreur. Et peur aussi : le mal pouvait donc triompher à ce point ?

Soudain des larmes montèrent aux yeux de Marie-Joséphine. Elle venait de penser à son mari. Pourquoi lui avait-il ordonné d'avoir des complaisances envers cette femme ?

Louis-Stanislas était une source de chagrin pour Marie-Joséphine. Elle voyait bien qu'il ne l'aimait pas. En public, il se montrait attentif et empressé. Mais tout cela disparaissait quand ils étaient seuls. Il devenait sec, distant, parfois dur et autoritaire. Il arrivait qu'il ne lui réponde pas quand elle lui parlait. Le soir, il se couchait comme si elle n'avait pas été là. Il lui tournait le dos et s'endormait... Elle savait bien qu'elle était ici pour donner des enfants à la couronne de France. Alors, pourquoi ne s'approchait-il jamais d'elle ? Pourquoi ne s'expliquait-il pas ? Elle n'osait pas lui poser de questions, craignant une réponse sèche et méprisante...

– Comment ferai-je ? demanda-t-elle, des larmes roulant sur ses joues, mon mari m'ordonne de montrer de l'intérêt à cette femme.

– Vous lui obéirez, bien sûr, répondit Victoire. Il n'est pas question pour nous de semer la brouille dans votre ménage. Des brouilles, il y en a déjà bien assez comme ça ici. Mais vous en ferez le moins possible. Si cette personne vient chez vous, dites-lui quelques mots sur le temps qu'il fait, mais faites comprendre par votre attitude qu'aucune relation personnelle ou amicale n'est possible entre vous.

À partir de ce jour, Mme du Barry ne put plus obtenir de la comtesse de Provence que des remarques sur le ciel ou les nuages. Et surtout, elle retrouva dans les yeux de Marie-Joséphine, dans sa voix, dans sa façon de redresser le buste comme pour s'éloigner d'elle, l'antipathie et le rejet absolu qu'elle rencontrait déjà chez Marie-Antoinette, Mesdames et le dauphin.

« Et voilà, se dit la favorite avec amertume, celle-là aussi est gagnée à leur camp... »

Mme du Barry ne pouvait s'empêcher de trouver Marie-Joséphine bien ingrate. Qui avait obtenu pour elle cette maison où l'on dépensait des sommes dignes d'une reine ? Elle pourrait s'en souvenir, tout de même... Mais, surtout, la favorite ne pouvait plus supporter ce qu'elle appelait l'indolence et le négligé de la jeune Savoyarde.

Comment, se demandait-elle, pouvait-on se laisser aller à ce point ? Oui, bien sûr, les bondieuseries... Mais les bondieuseries n'étaient que des prétextes à la paresse ! Elle, la petite Jeanne, à dix ans, avait compris toute seule l'importance de se laver soir et matin, avec de l'eau froide, glacée en hiver, qu'elle allait elle-même chercher à la fontaine ! Comment cette fille qui disposait d'une salle de bains de sultane, de vingt femmes de chambre, de tous les parfums et de tous les produits de beauté dont on puisse rêver, pouvait-elle se désintéresser d'elle-même au point de parfois puer comme une ouvrière qui rentre des champs ? Oui : puer. Quand cette fille dansait – c'était même la seule chose qu'elle savait faire un peu joliment –, elle sentait la transpiration de façon telle que c'en était désagréable. Et tout le monde s'en rendait compte. Et comme chacun savait que la maison de la comtesse de Provence avait été organisée par elle, Mme du Barry, tout le grotesque de cette situation retombait sur elle...

La favorite avait plusieurs fois fait des reproches sur ce sujet à Mme de Valentinois. La première dame d'atour répondait que la princesse était têtue comme une mule et refusait tous les conseils.

– Mais enfin, demanda la favorite, vous arrivez au moins à lui faire prendre des bains ?

– Pas toujours. La princesse ne veut se baigner que seule et masquée par deux rideaux. Quand elle trouve qu'il y a trop de monde dans son appartement, elle a peur d'être dérangée et elle préfère renoncer à son bain.

– Il n'est pas possible de chasser tout le monde à l'heure de sa toilette ?

– Je fais ce que je peux, mais comment voulez-vous contrôler tout ce personnel et tous ces visiteurs ? Ici, il est toujours possible que quelqu'un entre...

Bon ! songea la favorite, cette affaire ridicule avait assez duré, il fallait prendre les choses en main. Quand ces princesses faisaient leurs têtes de bois, il n'y avait qu'une façon de leur faire entendre raison, c'étaient des ordres formels venant du roi ou, à défaut, de leurs parents... On n'obtiendrait rien du roi, pensa encore Mme du Barry. Il n'y avait rien qu'il déteste autant que de faire des remarques à sa famille. Alors, pour des histoires de bains et de pâtes à épiler, ce n'était même pas la peine d'essayer... En revanche, on pourrait lui soutirer sans trop de difficultés de charger M. de la Marmora du travail. Il serait même tout à fait ravi de se débarrasser si facilement de cette corvée sur quelqu'un.

Comme prévu, Louis XV refusa absolument de dire un seul mot sur un sujet aussi gênant à sa petite-fille. Il refusa aussi tout net de parler à la Marmora. Non, tout de même, convoquer un ambassadeur pour l'entretenir d'épilation et d'eaux de senteur, c'était ridicule... Par contre, si Mme du Barry y tenait absolument, elle n'avait qu'à dire deux mots elle-même à l'ambassadeur de Sardaigne, il l'autorisait. Elle n'aurait qu'à se faire accompagner par le duc d'Aiguillon, ministre des Affaires étrangères et vieux complice de la favorite.

C'est ainsi que M. de la Marmora fut invité à souper dans l'appartement de Mme du Barry. L'invitation lui fut transmise par le duc d'Aiguillon.

– Le roi sera là avant le souper, mon cher comte, lui dit le ministre. Et Sa Majesté qui aime beaucoup votre conversation se fait d'avance un plaisir de vous voir.

Formulé ainsi, ce n'était plus une invitation, c'était un ordre. Le soir, en effet, chez la favorite, le roi entretint pendant dix minutes M. de la Marmora de diverses questions européennes. Frédéric II en Prusse et Catherine II en Russie, ces deux-là avaient d'inquiétantes visées sur la Pologne... La santé de son petit-fils de Parme avait donné des inquiétudes, mais tout semblait rentré dans l'ordre...

M. de la Marmora bornait sa participation à des « Oui, Sire... En effet, Sire... », tout en se demandant à quoi rimait ce monologue et où Louis XV voulait en venir. Le roi termina une phrase et, comme il le faisait souvent, se leva brusquement en annonçant qu'il allait être en retard pour souper avec sa famille. Toute l'assistance se leva et salua. Mais, au moment de franchir la porte,

Louis XV adressa quelques derniers mots à la Marmora :

– Monsieur l'ambassadeur, j'ai eu beaucoup de plaisir à vous voir. Monsieur le duc d'Aiguillon et madame du Barry ont une demande à vous faire. Sachez que j'approuve entièrement leur démarche.

Le comte de la Marmora dut encore attendre la fin du souper pour savoir ce qu'on lui voulait vraiment. Sa surprise fut telle qu'il en demeura confondu. Mme du Barry et le duc d'Aiguillon l'entraînèrent dans un petit salon à l'écart des autres invités, et, là, la favorite se livra à un discours de récriminations dirigé contre la comtesse de Provence. On ne pouvait la convaincre de se laisser coiffer correctement, ni épiler, ni même de se laver régulièrement… Sa Majesté dernièrement en avait été incommodée… Et puisqu'elle n'écoutait personne ici, le roi désirait que ses parents lui fissent tenir l'ordre d'accepter tous les soins qu'on lui proposait.

M. de la Marmora écoutait, médusé. Il vivait la plus grande surprise de sa carrière. De plus, il se sentait gêné au dernier point. Jamais il n'avait parlé avec personne de sujets approchant de si près l'intimité du corps féminin. En règle générale, il évitait même d'y penser. Et il remarquait avec étonnement que ses deux interlocuteurs, eux, ne semblaient pas le moins du monde embarrassés d'entrer dans de pareils détails... Il trouvait aussi que Mme du Barry avait gagné bien de l'aplomb. Elle convoquait chez elle les ambassadeurs étrangers, elle envoyait ses messages (et quels messages !) aux princes souverains, et le roi semblait trouver tout cela très bien...

M. de la Marmora rentra chez lui abasourdi. Même si elle était passée par des canaux inhabituels, il se voyait chargé d'une authentique demande du roi Louis XV au roi Victor-Amédée. Sa mission consistait maintenant à la transmettre au premier ministre de Piémont et Sardaigne, qui transmettrait à son tour au roi.

Il était tard, mais M. de la Marmora se sentait incapable de dormir. Il prit son écritoire et entama la rédaction du rapport le plus délicat qu'il eût jamais eu à écrire... Seigneur, se demandait-il, par où commencer cela ?...

Je dois entretenir Votre Excellence des plaintes qui m'ont été faites à propos de Madame la comtesse de Provence, concernant l'article de la parure et de la propreté...

La favorite avait parlé, à plusieurs reprises et avec force, d'épilation... Comment présenter la chose avec tact ? C'était sûr, Victor-Amédée et

Marie-Ferdinande allaient se trouver mal de stupéfaction...

Il est bon que Votre Excellence sache qu'on ne peut obtenir de cette princesse qu'elle se laisse coiffer avec soin, ni accommoder le front en enlevant les poils follets qui le rétrécissent et font que les sourcils approchent de trop près...

La favorite avait aussi parlé de transpiration... Seigneur Jésus ! Quelle capitale de l'impudeur et de la futilité était donc Versailles pour qu'on ose aborder des chapitres pareils, et les traiter comme des affaires d'État encore...

Ils prétendent qu'elle ne fait pas assez usage des bains, et qu'elle se refuse à se servir des expédients généralement adoptés...

Ici, M. de la Marmora s'arrêta, réfléchit un instant et ajouta cette réserve :

... du moins ici...

Et il poursuivit :

... pour prévenir par des eaux de senteur les désagréments que l'agitation de la danse ou la chaleur ne peuvent manquer de produire.

L'ambassadeur s'épongea le front avec un vaste mouchoir. Le plus dur était fait... Il conclut :

Je souhaiterais que le roi et la reine lui fissent de légères insinuations sur les soins qu'elle doit donner à sa coiffure, et sur les autres points abordés. Je souffre véritablement d'être dans le cas de parler de ceci à Votre Excellence, mais ces sortes de choses qu'on regarde comme des minuties ailleurs sont des affaires essentielles dans ce pays-ci.

Un mois plus tard, Marie-Joséphine reçut de ses parents une lettre qui l'étonna profondément :

Cherchez toujours plus à plaire à votre mari. Tout ce qu'une femme fait pour plaire à son mari, dans les choses permises, est louable devant Dieu. C'est un cas où même les toilettes et les parures, s'il se trouve qu'elles sont nécessaires, sont vertueuses au lieu d'être vicieuses.

Marie-Joséphine médita un long moment sur ces recommandations. Ses parents lui donnaient les mêmes conseils que Mme de Valentinois. Ils demandaient le contraire de tout ce qu'ils lui avaient toujours enseigné... Toutefois, à quelque chose de réticent et d'infiniment pudique dans les mots employés, elle devina qu'ils n'avaient pas écrit cette lettre de gaieté de cœur, ce qui la rassura. Ils obéissaient à un impératif qui, au fond, comme à elle, leur déplaisait. Sans doute étaient-ils arrivés aux mêmes conclusions qu'Adélaïde... Eh bien, puisque l'ordre venait de ses parents et la dégageait du péril de pécher, elle se plierait à ce qu'on lui demandait depuis son arrivée... Elle savait que sa pudeur souffrirait quand il faudrait affronter ses dames et tous leurs soins. Tant pis ! Elle y gagnerait au moins d'être comme tout le monde à Versailles.

Chapitre 8

« COMME DES BRIGANDS »

– Savez-vous que monsieur de la Vauguyon est mourant ? demanda Vermond à Marie-Antoinette.

Un soir, M. de la Vauguyon, en rentrant chez lui après la partie de piquet du roi chez la favorite, s'était senti si faible qu'il avait fallu l'aider à se mettre au lit. Le lendemain, il n'était pas mieux. Les médecins le saignèrent plusieurs fois sans obtenir d'amélioration. Il s'en trouva même encore plus mal en point, ce qu'on jugea inquiétant.

– Oui, je sais qu'il est souffrant, répondit-elle.

– C'est plus que cela, il va mourir.

– Vraiment ?

Marie-Antoinette avait levé un regard effrayé, toutefois elle ne put s'empêcher de demander :

– Quand ?

C'était parti tout seul. Au moment où elle prononçait ces mots, elle se rendit compte que sa question manquait de tact. Dieu merci, elle n'avait parlé que devant l'abbé Vermond, qui du reste ne parut pas spécialement choqué.

– Bientôt. Votre mari en est-il informé ?

– Je ne sais pas... Pourquoi me demandez-vous cela ?

– Je crois qu'il faudrait conseiller à Monsieur le dauphin de lui rendre visite.

– Il ne voudra jamais. Il est fâché à mort contre son gouverneur depuis qu'il a rejoint les amis de la Barry. Il ne lui a plus parlé depuis.

– Je sais cela. C'est pour cette raison que je vous propose de lui recommander vous-même cette visite. Qu'il aille le voir au moins une fois... Il me semble que Monsieur le dauphin écouterait cette demande si elle venait de vous. Ou de Madame Adélaïde, si vous vouliez l'avertir d'être du même avis que vous.

– Pourquoi voulez-vous que mon mari aille rendre visite à cet homme méchant qui ne pense qu'à l'intrigue ?

– Aujourd'hui, il ne doit plus tellement penser à l'intrigue. Et je crois qu'il est beaucoup plus bête que méchant. Bête et hanté comme tout le monde ici par le désir de gagner de l'importance.

– Vous souvenez-vous qu'au début de notre mariage il écoutait à la porte de ma chambre ce que nous nous disions, Louis et moi ? Vous rappelez-vous qu'un jour je l'ai pris sur le fait ? J'ai ouvert la porte sans prévenir, et il est à moitié tombé sur le tapis à nos pieds...

Vermond, à ce souvenir, ne put réprimer un sourire.

– Tout le monde, ici, écoute aux portes de tout le monde, Altesse. À force, les gens finissent par croire que c'est presque une façon normale de communiquer.

– Je croyais que vous le détestiez... Vous oubliez qu'il a essayé plusieurs fois de vous faire chasser d'auprès de moi ?

– Très maladroitement et sans jamais y parvenir... Et non, je ne le déteste pas. Sa vie, sous ses brocarts et ses dorures, est un tel désastre que j'éprouve plutôt pour lui de la compassion. Surtout aujourd'hui où il n'est plus qu'un vieil homme malade en train de mourir seul dans son lit. Il a consacré quinze ou vingt ans de sa vie à l'éducation de votre mari et de ses frères, mal, je vous l'accorde, mais il a passé toutes ces journées avec eux, il doit bien en rester quelque chose ressemblant à de l'affection... Ce serait naturel que Monsieur le dauphin oublie sa rancune quelques minutes et aille simplement lui dire adieu.

– Je peux toujours le lui demander... Mais je crois que cela ne servira à rien. Vous savez, mon mari peut être très obstiné quand il n'aime pas quelqu'un.

– Je sais, répondit Vermond qui était bien placé pour cela, se trouvant lui-même tout en haut de la liste des gens que le dauphin ne pouvait souffrir.

Il ajouta après un silence :

– Ce n'est pas seulement par commisération pour M. de la Vauguyon que je recommande cette visite, c'est surtout pour Monsieur le dauphin, et donc, par extension, pour vous.

– Je ne comprends pas...

– Pour que le roi de demain donne aux Français le désir de le servir, il faut qu'il montre un peu de reconnaissance aux personnes qui se sont dévouées pour lui pendant quinze ans.

Marie-Antoinette tenta plusieurs fois d'engager son mari à rendre cette dernière visite de bienséance à son gouverneur. Sans succès. Louis, entêté et rancunier, s'y refusa tout net et, selon son habitude, n'accepta même pas d'en parler. Louis XV, lui aussi, marqua la dernière indifférence sur le sort de son vieux courtisan. Non seulement il n'alla pas le voir, mais il ne demanda même pas de ses nouvelles. Le comte de Provence, après avoir pesé le pour et le contre, se décida pour une visite unique. Il se présenta avec toute sa suite, ne resta qu'une minute, souhaita au vieil homme une rapide amélioration et se retira. Les convenances étaient sauves, et l'on ne s'était pas trop engagé du côté du Barry... En revanche, le plus jeune des trois frères, le comte d'Artois qui avait le caractère tout d'une pièce, sans demander l'avis de personne, vint tous les jours rendre visite à son gouverneur pour la bonne raison qu'il avait de l'amitié pour lui. Grâce à lui, le vieux courtisan eut la consolation de mourir sans se croire tout à fait abandonné de la famille royale. Le faire-part de son enterrement fit rire toute la cour tant la liste des titres, dignités et divers honneurs qui suivait son nom était longue.

– Savez-vous pourquoi le roi n'est pas allé voir monsieur de la Vauguyon ? demanda Vermond à Mme de Noailles, alors qu'ils se trouvaient dans la petite bibliothèque de Marie-Antoinette, le lendemain de l'enterrement du duc. Avait-il une raison de lui en vouloir ?

– Pas à ma connaissance... Mais ne vous étonnez pas, notre roi ne rend jamais visite aux malades et encore moins aux gens à l'article de la mort. On n'ose même pas en parler devant lui. Il craint que la vision d'un mourant ne lui déclenche une de ses crises de mélancolie.

Vermond contemplait le faire-part d'enterrement du duc, cette pièce d'anthologie de la vanité.

Peut-être le vieil homme avait-il pris un dernier plaisir à rédiger lui-même cette liste...

– Comment vous êtes-vous blessée ainsi, Altesse ?

– En montant à cheval.

Toutes les trois semaines environ, le comte de Mercy-Argenteau apportait à Marie-Antoinette une lettre de sa mère. L'un et l'autre ne savaient jamais exactement quel jour elle allait arriver, aussi, quand il en avait une, Mercy arrivait avec un air complice qui annonçait dès la porte ce qu'il avait dans son portefeuille.

Marie-Antoinette, contre toute étiquette – mais ils étaient entre eux et qui s'en souciait ? –, ouvrait sa lettre sans attendre et la lisait devant lui.

Madame ma chère fille, je suis bien contente que votre carnaval se passe si agréablement, et je n'entends parler que de votre figure et de la façon dont vous dansez cette année : tout le monde trouve un grand changement à votre avantage...

Ce jour-là, pendant que Marie-Antoinette lisait, Mercy s'étonna de découvrir sur le dos de sa main une profonde égratignure qui allait du poignet à la base du médius.

Marie-Antoinette avait répondu sans lever les yeux, mais elle se reprit et jeta un coup d'œil vers ses dames d'honneur ; elles étaient à l'autre bout du salon, assez loin pour ne pas pouvoir l'entendre ; elle reprit à mi-voix :

– À vous je vais dire la vérité, je me suis fait mal en empêchant Louis et Provence de se battre.

La surprise de Mercy-Argenteau fut absolue. Pendant un instant il souhaita même que l'étiquette lui permette de s'asseoir, mais il n'en était pas question et il assuma debout sa stupéfaction.

– Altesse, que me dites-vous là ?

– Hier, mon mari et son frère se sont battus. J'ai voulu les retenir, et ma main a été prise entre eux deux.

– Voulez-vous me raconter cette histoire, Altesse ?

– Nous étions dans la chambre de Provence. Nous voulons jouer une scène de *Tartuffe* et nous étions donc occupés à répartir les rôles... Vous savez que Provence a des quantités d'objets d'art dans sa chambre, et qu'il y tient beaucoup. Chaque fois qu'il est dans cette pièce, je ne sais pourquoi, Louis se saisit d'une porcelaine qui est sur le coin de la cheminée, un groupe de personnages avec des moutons... Il la garde dans ses mains et la manipule tout le temps qu'il reste là. Je vois bien que ce traitement fait à sa porcelaine déplaît à Provence et qu'il la surveille d'un air inquiet. Hier, avec humeur, il a dit à Louis d'y faire attention. Et, juste quand il parlait, Louis la laisse échapper et elle se brise par terre en morceaux. Provence a sauté sur Louis, ils se sont donné des gifles et des coups de poing, et ils se sont dit des injures que je ne connaissais même pas. Ils ont roulé par terre. J'étais effrayée, je voulais appeler au secours, je les ai saisis par leurs habits pour les séparer et c'est là que j'ai reçu ce coup de griffe. Mais quand ils ont vu que je saignais, ils ont arrêté tout de suite...

– Qui se trouvait dans la chambre de Monseigneur de Provence ? demanda Mercy avec une réelle inquiétude.

– Nous n'étions que tous les trois, c'est pour cela que j'ai eu peur.

– Madame de Provence n'y était pas ?

– Elle était sortie depuis un moment.

– Vous n'avez appelé personne ?

– J'ai voulu le faire, mais je n'ai pas eu le temps.

– Dieu merci ! Et, donc, vous avez dit que vous vous étiez blessée à cheval ?

– Je n'avais pas envie qu'on sache que mon mari et son frère se battent comme des palefreniers. J'ai raconté que j'avais laissé tomber mon gant et qu'une branche basse m'a égratignée.

– Et vous avez fort bien fait ! Ne racontez jamais cette histoire à personne. Elle pourrait avoir de sérieuses conséquences pour Monseigneur de Provence, et pour toute la famille.

– Comment cela, des conséquences ?

– Il a porté la main sur le dauphin. Tout prince du sang qu'il soit, c'est une action gravissime. Si personne ne l'apprend, ce n'est qu'une bisbille entre frères. Si cela se sait, c'est un crime de lèse-majesté. Je ne sais pas si le roi pourrait se dispenser de l'éloigner de Versailles... Et il fut un temps moins débonnaire où il se serait retrouvé en forteresse.

– Grand Dieu... Soyez tranquille, je ne dirai rien.

– Si le public l'apprenait, ce serait un drame pour la famille royale dans son ensemble. Quoi qu'il arrive, elle doit toujours présenter un front uni aux Français et aux pays étrangers. S'il y a la moindre faille, l'intrigue et la division s'y engouffrent. Mais cela, vous commencez à le savoir d'expérience, Altesse...

– En effet, fit Marie-Antoinette. Ne craignez rien, j'ai bien compris, je ne dirai rien... Mais, s'il vous plaît, voudriez-vous expliquer à maman les choses comme elles se sont passées ? Sinon, comme toujours, il y aura des gens pour lui raconter que je me suis déchiré le bras du haut en bas, elle s'inquiétera et dira qu'il faut arrêter le cheval.

– Je n'y manquerai pas, Altesse... Il y a autre chose dont je voulais parler à Votre Altesse.

Mercy avait marqué un minuscule instant d'hésitation entre ces deux phrases. L'irrésolution était une chose si rare chez lui que Marie-Antoinette y fut sensible.

– Qu'est-ce ? demanda-t-elle.

– Il s'agit de madame du Barry, Altesse.

Le visage de Marie-Antoinette se ferma.

– Et quoi donc ?

– Je suis au désespoir de devoir tourmenter encore Votre Altesse, mais vous rendriez à votre maman un service d'une importance capitale si vous consentiez à adresser quelques mots à cette dame en public.

– Mais je croyais que j'en avais fini avec elle...

– Je le sais bien, Altesse, mais écoutez-moi. Votre maman est en ce moment dans un grand embarras à cause de l'affaire de la Pologne... Elle a absolument besoin de la bienveillance de la France. Si vous parliez à madame du Barry, votre grand-père en éprouverait un tel bonheur que l'impératrice se sentirait plus tranquille.

Depuis le jour de l'an, Mercy occupait la favorite avec des promesses jamais tenues. Il sentait qu'elle commençait à trouver le temps long. Encore un peu et elle serait à bout de patience. Elle se plaindrait au roi, qui en éprouverait du déplaisir contre Marie-Antoinette, et par extension contre Marie-Thérèse, ce que Mercy voulait absolument empêcher.

On ne s'en occupait guère à Versailles, mais le moment était critique en Europe. L'Autriche, la

Prusse et la Russie étaient en train de procéder au partage de la Pologne[1]. Mercy, représentant de Marie-Thérèse à Paris, avait la responsabilité de faire accepter la chose par la France. Pour l'instant, le roi n'avait pas réagi, ni de manière officielle ni en privé. Mais un Louis XV de mauvaise humeur pourrait soudain trouver inadmissible que son alliée l'Autriche s'empare comme un voleur de deux provinces de la Pologne, un pays depuis toujours ami de la France. Dans ses lettres à Mercy, Marie-Thérèse était formelle : elle comptait absolument sur Marie-Antoinette pour lui conserver le soutien de Louis XV, ou au moins sa neutralité.

Marie-Antoinette ne comprenait pas exactement à quoi correspondait cette affaire de la Pologne. Elle aurait même été embarrassée d'avoir à situer la Pologne sur une carte. Mais elle savait que ce fameux partage mettrait fin aux problèmes de sa mère avec la Prusse, difficultés qui l'avaient tant tourmentée et fatiguée ces dernières années. Marie-Antoinette avait aussi pris conscience qu'elle pouvait être un facteur d'entente entre la France et l'Autriche. Un refroidissement entre son pays d'adoption et son pays natal était une idée qui l'emplissait d'effroi. Si cela se produisait, elle serait

1. En 1772, la Prusse, la Russie et l'Autriche se partagèrent plus du tiers du territoire polonais, s'attribuant chacun quelques provinces. « Comme des brigands », commenta cyniquement Frédéric II de Prusse.

obligée de se comporter en bonne Française, mais de quel côté son cœur se rangerait-il ?

– Est-ce maman qui vous a demandé de me dire cela ?

– Oui, Altesse.

– Pourquoi ne m'en parle-t-elle pas dans sa lettre ?

– Elle m'en a chargé. Elle m'a dit que les moments où elle vous écrit lui sont si chers qu'elle ne veut pas les gâcher par des demandes ou des recommandations qui vous seront désagréables.

En vérité, Mercy gardait en réserve une deuxième lettre de Marie-Thérèse, beaucoup plus secrète, dans laquelle l'impératrice demandait avec instance à sa fille de servir sa patrie dans les circonstances difficiles que celle-ci traversait. Mercy avait l'intention de sortir cette lettre de secours s'il ne parvenait pas à convaincre seul Marie-Antoinette. Elle réfléchit quelques secondes.

– Comment madame du Barry peut-elle entrer pour quelque chose dans cette affaire qui se déroule si loin ?

– Altesse, on ne peut se dissimuler cette vérité fâcheuse que madame du Barry se trouve en position d'influer de manière très décisive dans les objets les plus sérieux... Les ambassadeurs en ont la preuve tous les jours. Je pourrais vous donner plusieurs exemples très récents.

– Est-ce pour cette raison que vous allez la voir, et même souper chez elle ?

– J'espère, Altesse, que vous ne croyez pas que c'est pour mon plaisir.

– Alors, j'ai eu tort de vous le reprocher ?

– Tout cela est peu agréable, mais il est grandement important de ne pas la brouiller avec l'Autriche.

Sans se le dire très clairement, Marie-Antoinette avait plus ou moins senti que cette demande finirait par arriver. Elle avait réfléchi que l'opposition frontale à la du Barry préconisée par ses tantes n'était pas l'unique façon d'agir. C'était même une méthode particulièrement mauvaise, car elle ne permettait pas de revenir en arrière sans s'avouer vaincue devant toute la cour. Elle s'était juré à elle-même de ne plus jamais parler à cette femme, et elle avait bien l'intention de se tenir parole. Mais rien ne l'empêchait de ruser. Pourquoi prendre des gants avec ces gens ?

Cette idée lui rendit un peu de bonne humeur.

– Je vais prier, dit-elle à Mercy. Je vais demander à Dieu ce que je dois faire. S'il me dit qu'il faut parler, je parlerai.

Mercy eut l'impression de recevoir un coup de bâton sur la tête. Ça alors ! c'était nouveau... Une crise de mysticisme en pleine affaire polonaise, il ne manquait plus que ça ! Et ni lui ni Vermond qui n'avaient rien vu venir... D'où sortait-elle ces nouvelles idées ? C'était l'influence de la comtesse de Provence ? Ou, plus sournoisement, un récent coup bas de Mesdames ?

– Altesse, il n'y a que votre mère l'impératrice qui soit autorisée à interpréter pour Votre Altesse la parole divine...

Mercy tentait de rester impassible tout en étant persuasif, mais la fine mouche de Marie-Antoinette avait bien perçu dans quel abîme d'anxiété elle venait de le jeter. Elle éclata de rire.

– Je vous fais marcher, monsieur de Mercy... Je vais parler, puisque c'est si important. Mais à la condition que vous me laisserez faire comme je veux. C'est moi qui choisis le moment.

– J'aurais mauvaise grâce de vouloir intervenir, Altesse, fit Mercy, en secret immensément soulagé. Il est établi que vous vous en sortez mille fois mieux si je ne me mêle de rien... Puis-je seulement vous demander quand vous comptez... ?

– Dans quelques jours, nous partons pour Compiègne. Je lui parlerai à Compiègne. Vous serez là. Cela ira ainsi ?

– C'est parfait, Altesse.

– Au moins, ne lui en dites mot. Elle m'assiégerait. Déjà, en ce moment, je ne peux aller nulle part sans la rencontrer.

C'était vrai. Mme du Barry, déçue par la comtesse de Provence, lassée d'attendre, passait outre aux recommandations de discrétion de Mercy et cherchait à provoquer les rencontres avec la dauphine. Elle savait que les circonstances lui étaient favorables – l'Autriche avait besoin de la complaisance de la France –, mais elle n'osait tout de même pas se présenter carrément chez la dauphine. Un refus, un camouflet y auraient été trop humiliants... Alors elle s'arrangeait pour se trouver régulièrement aux mêmes endroits qu'elle, ce qui obligeait Marie-Antoinette à mille manœuvres d'évitement pouvant laisser croire qu'elle ne l'avait pas vue.

Bien entendu, Mercy ne tint pas compte du secret que Marie-Antoinette lui avait demandé. Il n'allait pas perdre cette occasion d'entretenir la favorite dans l'idée qu'il tenait la dauphine sous son contrôle.

Il laissa entendre à Mme du Barry que, sans doute, dans un avenir proche, à Compiègne vraisemblablement, il obtiendrait de Madame la dauphine qu'elle lui adresse la parole... Mais il prit soin de présenter la chose avec détachement, comme une affaire banale, convenue entre eux depuis longtemps. Il ne voulait pas qu'elle comprenne à quel point l'impératrice et lui avaient besoin de l'ancienne femme légère qu'elle était. Et il ne pressa pas non plus Marie-Antoinette. Il n'était pas mauvais à présent de laisser le désir de la favorite grandir. Plus elle aurait envie que la dauphine lui parle, mieux elle calmerait Louis XV sur l'affaire de la Pologne.

Chapitre 9

LA MORT DU CERF

Marie-Antoinette, avec défi, planta son regard dans celui de la duchesse d'Aiguillon.

– Quel temps magnifique, ne trouvez-vous pas, madame ?

Le premier dimanche qui suivit l'installation à Compiègne, à la sortie de la messe, presque comme par hasard, Mme du Barry et son amie la duchesse d'Aiguillon se trouvaient sur le chemin de la dauphine. Presque comme par coïncidence également, Mercy se trouvait là aussi, un peu en retrait. Mercy croisa brièvement le regard de Marie-Antoinette. Elle resta impassible, mais il ressentit chez elle quelque chose d'énergique et de résolu qui lui sembla un bon signe.

Il ne fut pas déçu. Marie-Antoinette s'arrêta face aux deux dames, qui s'inclinèrent dans une profonde révérence. Elle adressa quelques mots sur le beau temps à la duchesse d'Aiguillon, puis tourna légèrement la tête et enchaîna :

– Étiez-vous à la chasse du roi, hier ? Elle s'est finie de la plus curieuse façon. Les chasseurs ont poursuivi pendant trois heures un grand daim à plusieurs cors. Le daim s'est échappé et les chiens semblaient avoir tout à fait perdu sa piste. On était sur le point de les rattacher pour rentrer à la maison, quand l'un d'eux a retrouvé la trace. Le daim était entré dans la rivière ! Il était dans l'eau jusqu'au poitrail... Les chiens l'ont cerné et le pauvre animal est mort dans la rivière. C'est la première fois que je voyais une chasse se terminer dans l'eau... Demain, nous aurons une chasse au sanglier. Je les trouve moins amusantes parce que les sangliers fuient toujours droit devant eux, ils manquent de fantaisie, mais Monsieur le dauphin les aime extrêmement. Si le temps le permet, il y aura aussi cette semaine une chasse au cerf, mais j'ai bon espoir car il n'y avait pas un nuage dans le ciel ce matin. J'ai remarqué qu'ici, c'est toujours un signe de beau temps pour plusieurs jours quand il n'y a pas de nuages le matin...

Marie-Antoinette, volubile, discourait. Mercy, stupéfait de la longueur de cet entretien accordé à deux femmes qu'elle ne pouvait souffrir, l'observa avec attention. Elle ne parlait ni à l'une ni à l'autre. Elle s'adressait à l'espace vide qui se trouvait entre les deux. À aucun moment, elle n'avait regardé le visage de la du Barry. « Petite masque ! » pensa-t-il.

Enfin, Marie-Antoinette estima que son exposé sur les plaisirs comparés des diverses chasses et la météorologie propre à la forêt compiégnoise était terminé. Elle salua d'un signe de tête et poursuivit son chemin.

Cinq minutes plus tard, tout Compiègne se transmettait la nouvelle que la dauphine avait parlé à la favorite. Et le roi était averti que Madame la dauphine avait traité Mme du Barry avec la plus grande bienveillance.

Toutefois, Mercy jugea nécessaire d'aller sans trop tarder rendre visite à la favorite afin de consolider le travail. Il se présenta juste après dîner, avec le sourire d'un homme parfaitement content.

– Êtes-vous satisfaite, madame ?

– Très satisfaite, monsieur, Madame la dauphine s'est montrée charmante, mais...

Mercy prit l'air profondément étonné.

– Quoi donc, madame ?

– Je vous avoue que je n'ai pas compris si la dauphine s'adressait à moi ou à madame d'Aiguillon.

– À vous, madame, sans conteste. Qu'est-ce qui vous fait croire le contraire ?

– Je me suis posé la question pendant qu'elle parlait...

– Rassurez-vous, madame, c'était bien à vous. Madame la dauphine m'a dit, il y a quelques instants à peine, qu'elle avait pris grand plaisir à cet entretien. Avez-vous remarqué qu'elle vous a parlé pendant plusieurs minutes, cela en présence d'importantes personnalités de la cour ? C'est une marque d'estime fort conséquente, je crois.

– Vous avez raison, monsieur. Je suis maintenant plus tranquille sur ce que la dauphine pense vraiment de moi...

Dès l'après-midi, Marie-Antoinette commença à récolter les fruits de son effort. À la chasse, le roi, amical et reconnaissant, vint arrêter son cheval auprès de sa calèche et s'attarda à bavarder avec elle. C'était un honneur rare car le roi n'aimait pas parler, et encore moins à la chasse dont tous les instants étaient précieux.

« Bon travail », pensa Mercy qui n'avait pas perdu une miette de toutes ces scènes. À la cour, l'importance, la considération, la faveur, tout cela se mesurait en minutes de conversation.

Marie-Antoinette était lancée, elle continua sur son élan. Trois jours plus tard, à la fin de la chasse au cerf – la reine des chasses et la chasse des rois –, elle eut l'idée de faire approcher sa voiture assez près pour assister à la mort du cerf et à la curée, ce qu'elle ne faisait jamais, n'ayant guère de goût pour ce spectacle sanglant. D'habitude, elle se retirait avant et rentrait à la maison. Le roi comprenait ces sensibilités toutes féminines, mais il n'en estimait pas moins que ces moments étaient les plus beaux de la chasse. Comme la plupart des chasseurs, il adorait parader devant ses proies et ses trophées. Il fut sensible à cette attention de sa petite-fille. Content de la voir là, il vint auprès d'elle tout le temps que durèrent les derniers moments du cerf et lui expliqua les subtilités de la traque de l'après-midi, c'est-à-dire comment trente hommes à cheval et quarante chiens avaient fait courir jusqu'à l'épuisement un animal à qui l'on ne pouvait guère reprocher que de manger les jeunes arbres.

Pendant l'après-midi, le roi avait reçu un coup de pied de cheval. Marie-Antoinette insista pour qu'il monte dans sa voiture et ôte sa botte afin qu'elle voie elle-même si la meurtrissure était sérieuse. Le coup était minime et il n'y avait aucune marque, toutefois, par prudence, elle demanda qu'il rentre avec elle en voiture. Il se laissait faire, ravi de ces soins. Le chemin du retour ne passait pas loin du carrefour du pont de Berne où Louis XV avait rencontré pour la première fois Marie-Antoinette à son arrivée d'Allemagne. Il demanda qu'on fasse le détour. Il voulut célébrer à cette même place cet heureux souvenir et embrassa plusieurs fois sa petite-fille avec chaleur. Ils rentrèrent alors que la nuit tombait, enchantés de leur journée.

Une troisième personne était encore plus enchantée, c'était Mercy. Marie-Antoinette l'avait stupéfié : d'elle-même, en quelques jours, elle avait enfoncé tous les objectifs qu'il avait envisagés pour le séjour d'été à Compiègne !... Les journées passaient, le roi faisait un charmant visage, on ne parlait que de chasse et on ne disait pas un mot à propos de la Pologne. Mercy-Argenteau respirait chaque jour plus librement et, à trois cents lieues de là, dans son château de Schönbrunn, Marie-Thérèse aussi.

Pendant ces belles journées ensoleillées de juillet, on signa à Saint-Pétersbourg le traité qui rayait de la carte l'ancien et prestigieux royaume de la Pologne.

À Compiègne, c'étaient les vacances. La lune de miel entre le roi et sa petite-fille rendait l'atmosphère particulièrement heureuse et détendue. Quand elle ne suivait pas la chasse du roi en voiture, Marie-Antoinette se promenait à cheval, toujours accompagnée et protégée par ses deux fidèles écuyers. Sa passion pour les chevaux ne lui avait en rien passé, comme l'avait un peu espéré Mercy. Au contraire, plus elle progressait, plus son plaisir grandissait. Elle était maintenant assez à l'aise pour faire des promenades plus lointaines, et les grandes allées cavalières de Compiègne permettaient un rythme plus rapide.

Elle prit l'habitude d'aller se promener dans le secteur de la forêt où se trouvait la chasse du roi. Eh bien ! oui, c'était tout de même plus amusant de croiser du monde dans les bois que de se promener toute seule comme une pauvre isolée...

Elle choisissait seulement les jours où elle était sûre de ne pas risquer d'y rencontrer Mercy-Argenteau. Elle lui avait tout de même promis de ne jamais suivre la chasse à cheval...

Cette promesse avait été une condition formelle pour arracher la permission d'apprendre à monter, dix-huit mois plus tôt. Marie-Antoinette estimait qu'une année et demie la rendait obsolète, mais Mercy, lui, ne semblait rien estimer de tel. Toutefois il n'allait pas très souvent à la chasse du roi. Il aimait la forêt, mais son activité d'ambassadeur et l'immense travail de correspondance qui en découlait lui laissaient peu de temps libre. C'était pendant que les résidents de Compiègne s'ébattaient dans les sous-bois qu'il rédigeait les dizaines de pages qu'il envoyait chaque semaine à Marie-Thérèse. Mais il avait suffisamment d'informateurs pour être renseigné chaque fois que Marie-Antoinette rencontrait la chasse « par hasard ».

Malgré tout, comme il savait qu'elle se conduisait à cheval avec prudence, qu'elle n'avait rien d'un garçon manqué, et qu'abdiquer toute raison pour poursuivre le gibier à travers les talus et les ravines ne lui ressemblait pas, il la laissait faire. D'ailleurs, il savait que s'il tentait d'interdire, elle n'obéirait sans doute pas. Il faudrait faire intervenir Marie-Thérèse. Ce seraient des larmes et des drames. De l'énergie perdue. Et peut-être Marie-Antoinette braquée contre sa mère, ce qui était absolument à éviter ces temps-ci.

Cependant, il alla un jour attendre son retour aux écuries. Marie-Antoinette, qui se croyait rusée, avait fait un détour et revenait par une allée opposée à celle qu'emprunteraient les chasseurs. Mercy lui présenta la main pour l'aider à sauter à terre. Elle avait le teint rose et le sourire, des brins de mousse et des brindilles étaient pris dans ses cheveux.

– Avez-vous fait une bonne promenade, Altesse ?

– Très bonne, je vous remercie, monsieur de Mercy.

Il l'entraîna un peu plus loin, afin que ses écuyers ne puissent pas l'entendre.

– N'auriez-vous pas couru la chasse, Altesse ?

Bon, il savait tout, comprit Marie-Antoinette, c'était évident. D'ailleurs le contraire eût été surprenant, la moitié de la cour s'y trouvant...

– Je n'ai pas couru la chasse, je l'ai croisée par hasard. Je suis restée un moment avec eux, c'est tout. Vous pouvez demander à mes écuyers.

– N'avez-vous pas l'impression, Altesse, de manquer à certaine promesse que vous m'avez faite ?

– Non, puisque j'ai retrouvé la chasse par aventure et que je ne l'ai même pas suivie.

– De fait, vous y manquez. Dans ces rassemblements de chevaux, un accident a toujours plus de chances de se produire. Je sais que vous êtes prudente, Altesse, mais soyez-le encore trois fois plus quand – par aventure ! – vous rencontrez les chasseurs. Il y a des gens parmi eux qui sont pris de folie quand ils poursuivent le gibier, ils piétineraient deux ou trois cavaliers pour être les premiers.

Tiens ! remarqua-t-elle, pas de sermon, pas d'interdiction, pas de rappel de la peine qu'éprouverait l'impératrice en apprenant cette dernière inconduite de sa fille...

Mercy payait comptant. Marie-Antoinette recevait la récompense de son offensive de charme dirigée contre son grand-père.

Mercy, bien entendu, avait largement compté sur Vermond pour décider Marie-Antoinette à se montrer conciliante si la situation se bloquait. Quand Marie-Antoinette se butait, personne d'autre que lui ne pouvait dénouer la situation. Pour le convaincre de la gravité des circonstances,

Mercy lui avait montré les dernières instructions de Marie-Thérèse.

Vermond lut en silence et rendit la lettre.

– Je ferai ce qui me sera possible, Excellence, dit-il.

Il avait pensé « moralement possible », c'est-à-dire « rien ».

Il avait été profondément troublé par cette lecture. L'impératrice semblait très anxieuse : tout devait être fait pour empêcher la précieuse alliance entre la France et l'Autriche de se briser :

Il n'y a que ma fille, la dauphine, assistée par vos conseils, qui pourrait rendre ce service à sa famille et à sa patrie. Avant tout, il faut qu'elle cultive par ses assiduités et tendresses les bonnes grâces du roi, qu'elle tâche de deviner ses pensées, qu'elle ne le choque en rien, qu'elle traite bien la favorite. Je n'exige pas des bassesses, encore moins des intimités, mais des attentions... Peut-être l'alliance en dépend.

« *Sa* famille... *Sa* patrie... » Marie-Thérèse oubliait-elle que Marie-Antoinette était maintenant française ? Et appelée à devenir reine de France ?

Trois puissances militaires s'entendaient pour se partager comme un gâteau un pays qui avait le malheur géographique de se trouver au milieu d'eux. Un pays pacifique qui n'était en guerre avec personne. Certes, la décision avait dû être difficile à prendre pour Marie-Thérèse, qui était au fond un esprit honnête. Certes, isolée comme elle l'était au bout de l'Europe, il aurait été infiniment dangereux pour elle de s'opposer à ses deux redoutables voisins, le grand Frédéric et la grande Catherine. Mais toujours était-il qu'elle s'était associée à un acte de brigandage qu'on avait hypocritement qualifié de « rétablissement d'équilibre ». Et, en grande politique qu'elle était, elle voulait le beurre et l'argent du beurre, une part du gâteau polonais et conserver l'alliance avec la France. Et, grâce à Marie-Antoinette, elle était sur le point de l'obtenir.

Marie-Thérèse, se disait Vermond, utilisait l'ignorance de sa fille pour en faire son meilleur agent d'influence à la cour de France. Et Marie-Antoinette était naïvement fière de collaborer de son mieux à préserver l'entente entre ses deux pays. Mercy lui répétait souvent à quel point elle était utile...

Donc, pendant ces événements du début de l'été, Vermond n'était intervenu en rien. D'ailleurs Marie-Antoinette ne lui avait rien demandé. Comme toujours, comme un petit hussard, elle avait foncé.

Et c'était sans doute mieux ainsi, pensait-il. Il était un trop infime personnage pour s'opposer à des événements de cette ampleur. Si Marie-Antoinette lui avait demandé conseil, il aurait été obligé de lui ouvrir les yeux, de lui expliquer ce qu'on était vraiment en train de lui faire accomplir. Peut-être aurait-il dû le faire... Mais ç'aurait été terrible pour elle. Elle n'aurait pas su qui croire. Elle n'aurait jamais pu admettre que sa mère vénérée agissait avec tant de cynisme.

Il espérait seulement qu'on ne reprocherait pas un jour à Marie-Antoinette sa participation dans cette affaire de la Pologne... Elle n'y était pour rien. Les vrais coupables étaient les adultes qui s'étaient servis d'elle : Marie-Thérèse et son cynisme, et Louis XV et sa lâcheté.

Car la France, comme Ponce Pilate, avait laissé faire. Elle n'avait rien dit... La dernière reine de France, Marie Leszczynska, avait été polonaise. Les Polonais avaient un jour choisi un prince français pour roi[1]. Les Polonais, jusqu'à la dernière minute, avaient espéré que la France viendrait à leur secours... Vermond se remémorait le soir où Marie-Antoinette – trouvaille géniale ! – avait assisté à la mort du cerf pour complaire à son grand-père. Par une association d'idées qu'il jugeait lui-même peu originale, le cerf dépecé lui évoquait la Pologne démembrée. Dans son imagination, le cerf lui semblait polonais.

1. Henri de Valois, le futur Henri III, en 1573.

Par son silence, Louis XV avait accepté le partage de la Pologne. En ne protestant pas avec indignation, en ne rompant pas ses relations avec la Prusse et l'Autriche, il n'avait pas dit ni oui ni non, il avait dit oui. Il avait abandonné les Polonais à leur sort, comme dix ans plus tôt il avait abandonné les Français du Québec. Un règne décidément rythmé par les abandons... Et tout cela pour ne pas gâcher ses vacances !... Les armées russes, prussiennes et autrichiennes étaient en train de prendre possession de la Pologne. Ici, à Compiègne, on se demandait si la chasse serait demain au sanglier ou au chevreuil, et s'il était bien avéré que la dauphine eût parlé plus de six minutes à la comtesse du Barry.

Chapitre 10

« ALTESSE, JE CROIS QUE VOUS MENTEZ… »

Qui le comte d'Artois épousera-t-il ?

Il aurait été injuste de reprocher à la cour en vacances de ne s'intéresser qu'à la chasse et au temps, on se préoccupait aussi du mariage de Charles-Philippe d'Artois. La compétition entre les prétendantes était lancée. Encore une fois, la Savoie était partie en tête. Une princesse de Saxe était aussi dans la course, mais sa candidature semblait pâle face à l'énergie déployée par le clan savoyard.

M. de la Marmora, de tout l'été, ne manqua pas une occasion de faire sa cour à Louis XV. Pendant le séjour à Compiègne, il ne fut absent d'aucune chasse, et toujours à portée de parler au roi. Et, suivant l'exemple de Mercy, malgré sa répugnance pour les liaisons illégitimes, il prit sur lui de lier connaissance avec la du Barry et de lui rendre visite, d'abord une fois par semaine, puis de plus en plus souvent. Il était maintenant incontestable que le roi tenait compte des désirs de sa compagne. Le succès de l'opération pouvait dépendre d'elle.

Marie-Joséphine, toute timide qu'elle était, ne ménageait pas sa peine. La famille, la dynastie, ça, c'était un objet qui méritait ses efforts. Une deuxième princesse de Savoie à Versailles serait un triomphe pour les siens. Elle écrivit à Louis XV pour proposer sa sœur Marie-Thérèse. M. de la Marmora, de son côté, déployait tout le catalogue ; la famille comprenait douze enfants, et si pour une raison ou une autre Marie-Thérèse ne convenait pas, on pouvait aussi proposer Marie-Anne, d'un an plus jeune et tout à fait charmante...

Louis XV répondit à la lettre de Marie-Joséphine :

Certainement si votre ou vos sœurs vous ressemblent je ne pourrais mieux choisir, et si j'étais un peu plus jeune, je me mettrais moi-même sur les rangs. Je ne m'engage pas encore, mais je vous aime bien tendrement... Je vous embrasse de bon cœur, ma chère fille.

L'équipe savoyarde pavoisa. Le roi n'avait rien promis, mais il avait indiscutablement donné un avis favorable. La Saxonne n'avait qu'à bien se tenir.

La plaisanterie de Louis XV sur son remariage était rituelle, et n'était qu'à moitié une plaisanterie. Cet événement n'était pas exclu. Un groupe de pression un peu hétéroclite poussait à ce remariage. Avant tout Mesdames, qui pensaient se débarrasser ainsi de la du Barry et empêcher leur père de finir sa vie dans le péché. Il y avait aussi des dissidents du parti du Barry, effrayés de voir la favorite gagner une influence qu'ils ne contrôlaient plus. Et enfin quelques anti-Autrichiens qui auraient été ravis de voir Marie-Antoinette reléguée à l'arrière-plan par une jeune reine.

Louis XV laissait dire. Il aimait bien même, de temps en temps, entretenir la rumeur par des demi-taquineries, comme celle envoyée à Marie-Joséphine. Cela donnait un sujet de conversation à ses courtisans, ça faisait patienter Mesdames et ça occupait les cours étrangères, toutes frétillantes à l'idée de mettre une de leurs princesses à la tête de Versailles.

En vérité, Louis XV n'avait aucune intention de se remarier, d'affronter des fêtes, des fatigues et l'obligation d'avoir l'air beau et séduisant devant une fillette espagnole ou bavaroise de quarante ans plus jeune que lui... Il n'avait aucune intention non plus de se séparer de Mme du Barry. Après tant d'années, il avait enfin réussi à s'organiser une vie de couple paisible. Il trouvait chez elle son café, ses pantoufles, la tranquillité et, le soir, de vieux amis amusants qui savaient ne jamais aborder les sujets dont il ne voulait pas entendre parler.

Pour la cour, la question du mariage du comte d'Artois était d'autant plus passionnante que le comte de Provence avait mal passé l'été. Un abcès s'était ouvert sous son bras et ne voulait pas guérir. Malade, fiévreux, il n'avait presque pas quitté sa chambre. Mercy-Argenteau, bien entendu, s'était empressé de communiquer la bonne nouvelle à son impératrice :

Le 16 septembre, Sacrée Majesté, la santé de M. le comte de Provence est toujours fort chancelante... Tous ces symptômes, assez inquiétants, n'annoncent pas que la santé du jeune prince puisse se rétablir aisément, et on n'est guère dans le cas de s'attendre qu'il puisse avoir des enfants.

Mercy enfonçait Provence, mais, sur ce même sujet concernant Marie-Antoinette et son mari, pour dire la vérité, il se sentait assez peu faraud. Le temps passait et l'on ne comprenait pas ce qui arrivait au dauphin. On observait qu'il ne dormait jamais dans l'appartement de sa femme. Et qu'il ne voulait parler de cette question avec personne. Il se murait dans un silence irréductible chaque fois que l'on tentait, même avec mille précautions, d'aborder ce chapitre. Il se méfiait de tout le monde et n'avait pas d'ami intime. Louis XV avait pris le prétexte d'un ou deux rhumes pour le faire examiner par son chirurgien, qui l'avait déclaré très bien portant et parfaitement conformé pour avoir des enfants. Alors, que se passait-il ? On ne savait pas. Louis, enfermé dans son silence, était un mystère.

En revanche, le comte d'Artois n'avait rien de mystérieux. À quinze ans, les aventures de ce grand gamin plein de santé alimentaient les conversations. Tout le monde était au courant de sa liaison à Paris avec l'actrice Rosalie Duthé. Il était officiellement amoureux de la princesse de Condé, la plus jolie jeune fille à marier de la cour ; d'ailleurs un mariage français n'était pas exclu, Louise de Condé pouvait souffler la place aux autres... Avec tout cela, Charles-Philippe s'était déjà mis un duel sur les bras. Il avait provoqué un jeune colonel des gardes, lequel lui avait chipé une petite amie. Le roi, pour calmer tout le monde, avait dû envoyer le bouillant officier en garnison à Toulon, bien loin de Versailles.

De toute évidence, se disait-on, le comte d'Artois avec son tempérament fougueux semblait beaucoup mieux parti que ses frères dans la course à l'héritier. Ce mariage, songeait Mercy-Argenteau, s'annonçait nettement plus dangereux que le précédent.

Marie-Antoinette pensait peu à ces soucis-là, ou plutôt elle les remettait à plus tard. L'été de 1772 était le plus agréable et le plus détendu qu'elle eût vécu depuis qu'elle était en France. Elle était au mieux avec Louis XV. La favorite, qui savait respecter un accord, entretenait le roi dans ces bonnes dispositions. Mercy-Argenteau lui passait tout. Et Marie-Thérèse ne lui avait jamais envoyé de lettres aussi indulgentes.

À Schönbrunn, l'impératrice, épuisée par les orages politiques qu'elle venait de traverser, avait dû changer ses habitudes. Elle s'était installée au rez-de-chaussée pour éviter la fatigue des escaliers. Marie-Antoinette, émue, surmontant la timidité que lui avait toujours inspirée sa mère, osait exprimer sa tendresse plus qu'elle ne l'avait jamais fait :

Mon appartement de Schönbrunn est bien honoré de vous loger, ma chère maman. J'en suis bien contente, si cela vous épargne quelquefois de monter ; rien n'est plus fatigant pour la respiration. Les soins que ma chère maman s'est trop souvent refusés, elle devrait bien les accorder à la tendresse et à l'inquiétude de ses enfants.

À Compiègne puis à Fontainebleau, l'été puis l'automne se déroulaient dans la paix. Il n'y avait que Mesdames et la comtesse de Provence pour être de mauvaise humeur. Elles reprochaient à Marie-Antoinette d'accaparer l'amitié du roi, ce qui n'était pas entièrement faux ; et d'avoir obtenu ce traitement de faveur en trahissant leur pacte contre la du Barry, ce qu'on ne pouvait pas vraiment nier non plus. Mais Marie-Antoinette s'en troublait peu. Elle était presque toujours dehors, dans la forêt, ou à cheval. Elle les voyait moins qu'à Versailles.

Souvent, au début de l'été, elle était sortie en calèche avec Marie-Joséphine, mais, depuis qu'elle avait obtenu de Mercy la permission implicite de rejoindre la chasse à cheval, elle avait laissé sa belle-sœur aller de son côté. Et puis, Marie-Joséphine l'ennuyait, ces temps-ci. La moitié du temps, sa belle-sœur lui expliquait qu'elle n'aurait jamais dû accepter de composer avec la du Barry, le fait d'avoir parlé à la muraille et non à la personne ne changeait rien à l'affaire, c'était une question de sincérité ; et ensuite elle se plaignait de son mari qui pouvait rester plusieurs jours sans lui dire un mot... Marie-Antoinette était mille fois plus tranquille et heureuse en liberté avec ses chevaux. Les leçons de littérature étaient passées à la trappe.

– Je rattraperai quand il pleuvra, avait-elle dit à Vermond.

L'été était beau, il ne pleuvait jamais. Vermond signala à Mercy que Son Altesse ne travaillait plus. Mercy ne transmit pas à Marie-Thérèse. Son Altesse, après sa conduite remarquable à Compiègne, méritait bien quelques vacances.

Mercy avait confirmé la permission d'aller à cheval voir la chasse, avec toutefois une mise en garde :

– Souvenez-vous, Altesse, que Fontainebleau, avec son sable et ses rochers, est plus dangereux que Compiègne.

Marie-Antoinette s'était fait faire l'habit bleu à parements rouges que portaient les chasseurs de l'équipage du roi. Louis XV, en l'apercevant ainsi, revêtue de ses couleurs, ne manquait jamais de pousser des exclamations de plaisir et de la faire admirer à tout le monde. Et, régulièrement, il oubliait de remarquer que son autre petite-fille, la comtesse de Provence, était là elle aussi ; mais en voiture, derrière les autres, et n'osant jamais s'approcher assez près pour lui parler.

Le comte de Provence gardait la chambre ; par politesse, Marie-Antoinette lui rendit visite ; et peu à peu ces conversations devinrent le moment le plus important de sa journée.

Provence disait des choses drôles et intelligentes. Il ne se plaignait jamais de sa santé, au contraire, il se moquait de lui-même avec légèreté. Il encourageait Marie-Antoinette à parler d'elle-même. Il l'écoutait et elle avait le sentiment qu'il la comprenait. C'était la première fois qu'elle vivait une relation de confiance avec un garçon du même âge qu'elle.

La dauphin Louis, son mari, était irréprochable et respectueux. Mais jamais il ne lui parlait d'elle, ni de lui. Il pouvait passer des journées entières dans sa forge sans voir personne. Et elle sentait bien qu'au fond, avec elle comme avec les autres, il se tenait sur ses gardes. Le plus jeune des frères, le comte d'Artois, avait été son meilleur camarade depuis son arrivée en France. Elle aimait son caractère gai et sa manière d'envoyer paître l'étiquette. Pour prendre du bon temps, c'était un incomparable compère, mais il ne fallait pas lui demander de parler de quelque chose de sérieux. En Autriche, elle avait profondément aimé son frère Joseph II, mais il avait seize ans de plus qu'elle, se considérait comme son tuteur[1] et l'effarouchait avec son autorité.

Avec sa nature franche, Marie-Antoinette, avant d'accorder son amitié à Provence, lui demanda

1. *Marie-Antoinette, Le jardin secret d'une princesse* (tome 1). L'empereur François-Étienne, le père de Marie-Antoinette et de ses frères et sœurs, était mort sept ans plus tôt.

sans détour de s'expliquer sur son attitude trop aimable envers la du Barry.

Le comte de Provence rejeta la faute sur feu M. de la Vauguyon.

– Mon gouverneur, expliqua-t-il, avait sur moi une très grande influence, ce qui est normal : il m'a élevé, et entièrement seul depuis la mort de mon père. Cela peut vous étonner, mais je le craignais. Il m'a convaincu que je devais respecter les choix de vie de mon grand-père. Il disait qu'en tant que prince du sang et petit-fils du roi, je devais donner l'exemple de l'obéissance.

Dans de mêmes circonstances, l'impératrice avait utilisé une argumentation semblable, et Marie-Antoinette avait obéi. Elle comprenait donc parfaitement ce que Provence voulait dire.

– Depuis sa mort, poursuivit le jeune prince, j'y vois plus clair. Je ne crois pas que c'était un méchant homme ; je crois même qu'il nous aimait sincèrement, mes frères et moi... Mais il se servait de nous pour faire sa cour au roi, et obtenir toujours plus d'avantages pour lui et son fils. Quand je dis « de nous », je parle surtout de moi, sans doute parce que j'ai un caractère plus malléable que mes frères... Mais j'en suis bien revenu. Je sais maintenant que c'est vous et mes tantes qui avez raison. Le clan de cette femme ne doit plus compter sur moi pour grand-chose.

Marie-Antoinette, charmée, éprouvait la fierté d'avoir retiré le deuxième prince du sang de ce qu'elle appelait avec ses tantes le « tripot du Barry ». Elle passa désormais chaque jour un long moment avec son beau-frère.

Ce qui n'arrangea pas vraiment la mauvaise humeur de Marie-Joséphine.

Et qui jeta Mercy dans l'inquiétude la plus extrême.

Que cherchait exactement le comte de Provence ? À rendre Marie-Antoinette amoureuse de lui ?

Mercy voyait soudain se profiler la menace qu'il redoutait le plus : voir Marie-Antoinette échapper à son influence, rejeter l'autorité de sa mère, et pis que tout, passer sous l'emprise de quelqu'un d'autre.

Et le plus embarrassant était que ces conversations se passaient chez le comte de Provence, où il n'avait aucun moyen de rien contrôler. Mine de rien, l'air de badiner, il tenta d'interroger Marie-Antoinette sur ce qu'on disait donc de si intéressant chez Monseigneur de Provence...

Marie-Antoinette lui répondit sur le même ton :

– Oh ! des riens, des bagatelles... Il est malade, je le distrais avec des enfantillages.

Il voyait bien – il en avait la certitude – qu'elle ne lui disait pas la vérité, mais comment lui dire :

« Altesse, je crois que vous mentez » ?... Il transmit au plus vite ses angoisses à Vienne. Marie-Thérèse répondit courrier par courrier :

Je suis bien aise qu'elle vive en bonne intelligence avec son beau-frère, mais je ne suis pas d'avis qu'elle se lie avec lui par une intimité trop étroite. Ce prince me paraît être d'un caractère faux, et comme il est mieux de figure que le dauphin, aussi flatteur que l'autre est rustre, la comparaison que ma fille pourrait faire entre les deux frères pourrait ne pas être à l'avantage de son époux...

En conclusion, elle chargeait Mercy, dont elle connaissait l'habileté (une caresse dans le sens du poil ne lui coûtait rien et augmentait toujours la motivation de ses émissaires), de faire cesser au plus vite cette inclination qui pouvait devenir dangereuse.

Mercy, en lisant ces mots, ouvrit des yeux ronds. Faire cesser cette inclination ? Elle en avait de fortes, l'impératrice... Sous quel prétexte aurait-il pu empêcher Marie-Antoinette de rendre visite à un membre de sa famille obligé de garder la chambre ?

Chapitre 11

L'ERMITAGE DE FRANCHARD

Comment parler à Vermond tant que la cour se trouvait à Fontainebleau ?

Mercy voulait consulter rapidement son acolyte. Mais où et quand ? Il songea à un rendez-vous, loin dans la forêt, en partant à cheval chacun de son côté. Mais en cette saison, ils pouvaient tomber partout sur des chasseurs ou des promeneurs les connaissant. Une rencontre discrète dans une auberge de la ville ? Si l'on voyait l'un ou l'autre entrer, on lui inventerait inévitablement une aventure galante, ce serait un moindre mal, mais ils seraient complètement ridicules. Se retrouver dans une église ? Les grenouilles de bénitier épiaient tout... Non, le mieux serait de convaincre Vermond de se déplacer jusqu'à Paris, le seul endroit où l'on était un peu tranquille pour parler.

Mais encore aurait-il fallu mettre la main sur Vermond pour convenir d'un rendez-vous, et, Mercy ne savait pas pourquoi, Vermond était devenu introuvable. Depuis le début de l'été, c'était bien simple, il ne le voyait plus. C'était à croire qu'il l'évitait... Enfin, bien sûr que non, pensait Mercy, Vermond ne l'évitait pas, il appliquait seulement à la lettre leur règle de n'être jamais aperçus ensemble... Sa prudence était louable, certes, mais tout de même, par moments, ces précautions leur compliquaient bien la vie...

En fait, si, Vermond évitait Mercy.

Depuis l'assassinat de la Pologne, la naïve complicité qu'on avait arrachée à Marie-Antoinette et les récompenses minables qu'on lui lâchait en échange – davantage de liberté à cheval et dispense de tout travail –, il éprouvait envers Marie-Thérèse et Mercy quelque chose qui s'apparentait au dégoût.

Pendant quelques jours, il avait sérieusement pensé à s'en aller. En partant, il le savait, il aurait vraiment nui à l'impératrice et son ambassadeur. Il était leur seul agent vivant vingt-quatre heures sur vingt-quatre au contact de Marie-Antoinette. Qu'ils s'arrangent sans lui !... Mais il avait renoncé. S'il partait, il abandonnait Marie-Antoinette. Et elle avait vraiment besoin d'aide. Peut-être, en restant, pourrait-il empêcher qu'elle se trouve mêlée à d'autres désastres.

Il avait aussi renoncé à rompre avec Marie-Thérèse et Mercy. Pour Marie-Antoinette, il avait encore besoin d'eux. Et ce beau geste n'aurait pas rendu leur liberté aux Polonais.

Il se contenta de voir désormais Mercy le moins possible. Il lui remit quelques brefs rapports sans intérêt, à propos de ce que Son Altesse avait mangé ou de la médecine qu'elle avait prise. Des rapports rares, car il était convenu qu'à Compiègne et Fontainebleau il écrirait peu. La seule remarque à laquelle il attachait de l'importance, celle que Marie-Antoinette ne travaillait plus du tout, resta sans réponse, ce qui augmenta son amertume. Décidément, Marie-Thérèse et Mercy, quand l'intérêt de l'Autriche était en jeu, ne les considéraient plus, Marie-Antoinette et lui, que comme des instruments.

Ils ne s'étaient même pas rendu compte de sa consternation et de son éloignement, ou, s'ils s'en étaient aperçus, ils n'y attachaient aucune importance, ce qui ne l'étonna pas. Il savait bien que pour eux les sentiments des gens de condition inférieure n'existaient pas.

Vermond observait lui aussi la progression de l'amitié entre Marie-Antoinette et le comte de

Provence. Et il en savait plus que Mercy. D'abord parce que Marie-Antoinette lui en parlait un peu. Et surtout parce que Louis-Stanislas, dès qu'il eut la permission de se lever, voulut rendre à Marie-Antoinette les nombreuses visites qu'elle lui avait faites. Vermond, depuis son nid de pie du cabinet aux livres, put entendre la plupart de leurs conversations.

Oui, bien sûr, écouter ainsi Marie-Antoinette n'était pas glorieux, mais les circonstances semblaient sérieuses et l'imposaient.

Eh bien, les deux jeunes gens ne parlaient pas d'amour ni d'amusements. Ils refaisaient le monde, tout simplement. Ils préparaient leur règne.

Et leurs projets, pensait Vermond, étaient naïfs, mais pas absurdes. Ce garçon était plein d'ambition et de calculs, mais loin d'être bête. Et il était aussi loin d'être sans charme. Il avait un beau visage et une belle voix. Il savait écouter Marie-Antoinette, et montrer par ses remarques qu'il l'avait vraiment écoutée. Il aimait les livres. Réellement, et non pas pour se donner l'air savant. Sa mauvaise santé, les nombreuses journées passées au lit ou dans sa chambre lui avaient permis de beaucoup lire. Et il avait retenu. Il savait des milliers de dates, de vers ou de pensées. Ce trait de caractère lui attira l'admiration de Marie-Antoinette ; et une certaine sympathie de la part de Vermond, entre amis des livres, on se comprend. Marie-Antoinette, pendant cette période, se découvrit même un regain d'intérêt pour la lecture. Elle demanda de nouveaux livres à Vermond qu'elle prétendit lire seule. Mais cela ne dura qu'un temps, c'étaient des ouvrages compliqués, et assez vite ils restèrent sur leur étagère.

La cour était divisée en deux, observait le comte de Provence. Le clan du Barry-d'Aiguillon détenait le pouvoir et le trésor. Mais en face, le parti de Mesdames représentait l'honneur, la fierté et la tradition, ce qui n'était pas rien.

Pourquoi, se demandait Louis-Stanislas, la jeune génération de Versailles accepterait-elle d'entrer dans ce système ? Ils étaient trois princes du sang, bientôt six avec leurs épouses, ils pouvaient créer une sorte de parti jeune indépendant. S'ils s'organisaient, veillaient à toujours agir de concert, refusaient de réduire leur réflexion à être pour ou contre la favorite, ils pouvaient devenir une véritable force à Versailles. Une force qui aurait un atout considérable : l'avenir.

Marie-Antoinette, avec l'enthousiasme de ses dix-sept ans, se passionnait pour ces projets. Un avenir d'indépendance... Un avenir où la du Barry ne serait plus qu'une petite amie du roi, et non cette toute-puissance qui l'humiliait... Un avenir dans lequel – elle ne se l'avouait pas encore bien clairement, mais petit à petit cette idée faisait son chemin – l'autorité de Marie-Thérèse et de Mercy se ferait moins pesante... Il y avait de quoi enflammer son imagination.

« Tout cela est séduisant, objectait silencieusement Vermond depuis son poste d'écoute, mais, mes beaux enfants, il y a une faille dans votre plan, c'est le dauphin. Votre frère ne voudra jamais d'alliance avec vous, Monseigneur. Il se méfie de vous autant qu'il est possible ; autant que de moi, c'est dire... Il préférera ronger son frein pendant vingt ans sous le règne du clan du Barry plutôt que de vous céder par avance une miette de sa future autorité. Et quand je dis : ronger son frein... Il ne ronge rien du tout. Il n'a pas de nerfs. L'attente est une situation qui lui convient à merveille : il n'a pas de décision à prendre... Mais, tout cela, vous vous en doutez, Monseigneur, et c'est pour cette raison que vous essayez de convaincre d'abord Marie-Antoinette. Vous vous dites qu'elle a peut-être assez d'influence sur son mari pour l'amener à vos idées. L'impératrice et Mercy-Argenteau font la même erreur. Depuis le début, ils sont persuadés que votre frère est une nullité et qu'une jolie fille comme Marie-Antoinette, bien guidée par sa maman, son ambassadeur et moi-même – oui, ils me font l'honneur, ou l'insulte, de le croire –, est capable de le diriger. Je puis vous le dire tout de suite : c'est ne rien comprendre à votre frère ! L'une des choses qu'il a retenue de sa calamiteuse enfance, c'est qu'il doit par principe se méfier de l'Autriche, donc de sa femme. Et l'autre – pardon, Monseigneur ! – c'est qu'il doit par principe se méfier de vous... Donc, je pense que votre projet, qui est pourtant intelligent et perspicace, n'a aucune chance d'aboutir. »

Provence analysait aussi la situation de Marie-Antoinette :

– Vous avez une situation privilégiée à la cour, observait-il, le roi vous aime pour vous-même. Mais vous ne vous servez pas assez de cet avantage. Vous laissez la favorite, poussée par votre ambassadeur, peser sur les faveurs que le roi vous accorde.

« Il en remarque des choses, ce jeune homme... », se disait Vermond.

– Le roi aime votre charme naturel et votre spontanéité. Soyez audacieuse, donnez-lui-en. Et très vite, vous le verrez, vous ne dépendrez plus de personne.

Tout cela était fort juste... songeait Vermond quand il était seul.

Soyez demain à l'ermitage de Franchard, à deux heures après dîner.

Vermond découvrit sur le parquet de sa chambre ce message qu'on avait glissé sous la porte. Il n'y avait pas de signature.

« Ah ! pensa-t-il, Votre Excellence n'y tient plus ? »

Depuis que l'amitié entre Marie-Antoinette et le comte de Provence avait commencé à se nouer, Vermond voyait Mercy se consumer d'inquiétude. Il évitait systématiquement l'ambassadeur, mais il essayait que cela n'ait jamais l'air voulu. Quand ils se croisaient, Mercy lui envoyait de brefs regards impérieux signifiant : « J'ai besoin de vous parler de toute urgence, arrangez-vous pour me rejoindre dans un endroit sûr. » Vermond affectait un air modeste, gardait hypocritement les yeux baissés et faisait semblant de ne rien voir. Mercy enrageait et Vermond s'en amusait en catimini.

Donc Son Excellence n'en pouvait plus puisqu'elle prenait le risque de fixer elle-même un rendez-vous... Franchard était un choix judicieux, la cour serait le lendemain à la chasse de l'autre côté de la forêt.

Et si cette convocation ne venait pas de Mercy-Argenteau ? Un piège ? Qui pouvait avoir envie de se débarrasser de l'abbé Vermond ?

Avant tout, le dauphin, c'était certain. Mais ce garçon n'avait pas le courage du crime et ne l'aurait sans doute jamais de sa vie. Alors, le comte de Provence pour éliminer toute influence concurrente sur Marie-Antoinette ?... Celui-là aurait peut-être un jour assez d'énergie pour ordonner un meurtre, mais il ne mesurait sans doute pas encore l'ascendant du discret abbé sur la dauphine.

Toutefois, par prudence, Vermond décida d'aller à l'ermitage à pied, à travers bois et non par le chemin. Et il ne se montrerait pas sans avoir vu qui l'attendait.

Il nettoya une paire de pistolets de poche et les chargea avec soin. Depuis deux ans, chaque fois qu'il se rendait à Paris, il s'entraînait au tir chez un maître d'armes. Le maître de tir avait été surpris de découvrir un coup d'œil sûr et une intuition juste chez ce jeune abbé qui à son arrivée ne savait pas par quel bout on charge un pistolet.

Vermond n'avait pas l'intention d'attaquer qui que ce soit. Seulement, il avait réfléchi qu'un jour, un grand seigneur voyant plus clair que les autres et jaloux de l'influence de cet encombrant petit abbé sur la future reine, pourrait ressentir le désir de se débarrasser de lui. Il chargerait quelque laquais de cette tâche (il y a des besognes qu'on ne fait pas soi-même), mais Vermond montrerait qu'il était prêt à se défendre. Et, songeait-il, un valet ne prendrait pas le risque de se faire tuer pour les cent ou deux cents louis qu'on lui aurait donnés pour ce travail.

Les collines, près de Franchard, forment des sortes de vagues. À mi-hauteur de l'une d'elles, deux grands rochers couverts de mousse s'appuyaient l'un contre l'autre, formant un abri d'où le regard plongeait sur l'ermitage et le chemin. Vermond y fut à une heure.

Bon endroit, pensa-t-il. On ne pouvait pas le surprendre par-derrière, ni même du haut des rochers.

Le silence dans la forêt, sauf quelques oiseaux, était complet. À deux heures moins le quart, le cœur de Vermond se mit à battre un peu plus vite. Mais rien ne bougeait près de la chapelle de pierre. Et l'on n'entendait rien.

« Ils attendent que je me montre le premier, songea Vermond, mais il n'y a pas de danger... »

Deux heures. Deux heures et dix minutes. Toujours rien.

« Ils ont peut-être renoncé... », se dit Vermond.

Mais à cet instant, on entendit sur le chemin le bruit d'une voiture tirée par deux chevaux au trot. Vermond haussa le cou derrière son rocher pour mieux voir, et sourit. C'était bien Mercy qui arrivait. Dans sa deuxième voiture, celle sans armoiries ni initiales sur les portières. Les volets de bois étaient baissés. Et le cocher ne portait pas sa livrée mais un manteau sombre au col remonté.

La voiture s'arrêta devant l'ermitage. Pendant quelques minutes, Vermond ne bougea pas, attendant d'être bien sûr que le silence règne à nouveau dans le sous-bois. Puis il s'approcha lentement, se coulant de rocher en rocher. Mercy avait levé la moitié d'un volet et scrutait la route.

– Je suis là, Excellence, fit Vermond à mi-voix.

Mercy, qui ne l'avait pas entendu venir, sursauta. Il ouvrit la portière d'un geste brusque.

– Montez ! dit-il.

Il referma, et abaissa le volet qu'il assura avec un crochet.

– Allez reprendre la route de Paris, ordonna-t-il au cocher à travers la lucarne qui s'ouvrait vers l'avant.

– Nous allons à Paris, Excellence ? demanda Vermond.

– Non. Mais une voiture passe plus inaperçue en roulant sur une grand-route qu'à l'arrêt seule dans un sous-bois. En période de vacances royales, cette forêt est la plus fréquentée du monde.

Mercy était d'une humeur de dogue. Il s'en voulait d'avoir pris le risque de venir à cet endroit, il s'en voulait d'être en retard, il était irrité contre Vermond qu'il n'arrivait pas à joindre depuis des semaines, et mécontent de Marie-Antoinette qui menaçait de devenir incontrôlable.

– Vous avez vingt minutes de retard ! accusa-t-il.

– Que Votre Excellence m'excuse, c'est Votre Excellence qui est arrivée à deux heures et dix minutes.

– Si vous étiez là, pourquoi m'avez-vous laissé attendre en pleine vue ?

– Il fallait bien m'assurer que Votre Excellence n'avait pas été suivie.

– Il y a trois semaines que je ne vous vois plus, vous vous cachez ?

– Nous sommes convenus de ne jamais nous parler devant la cour.

Sur tous ces points, Vermond avait raison. Mais cela ne faisait qu'irriter davantage Mercy.

– Cela ne vous a pas effleuré, ces derniers temps, qu'il était important que nous parlions ?

– Les circonstances ne s'y prêtaient pas. Je suis cette année plus surveillé que je ne l'ai jamais été.

C'était archi-faux. Depuis la mort de la Vauguyon, il était au contraire plus tranquille que jamais. Mais Mercy n'avait pas de raison de le savoir.

– Votre Excellence sait bien que je ne peux durer auprès de Madame la dauphine qu'à la condition de demeurer insoupçonnable. Le dauphin ne cherche qu'un prétexte pour me faire partir, en cela au moins il a retenu les leçons de son gouverneur.

Cela aussi, c'était faux. Le dauphin aurait été ravi de voir l'abbé au diable Vauvert, mais il n'était pas un homme d'action, il se contentait de souhaiter son départ. Il aurait vraiment fallu qu'on lui apporte sur un plateau les preuves d'une entière correspondance entre l'abbé et l'impératrice pour qu'il prenne sur lui de le faire chasser.

– De quoi Votre Excellence voulait-elle me parler ? demanda Vermond qui commençait à s'ennuyer de ces reproches.

– Du comte de Provence, parbleu ! Est-ce qu'il cherche à rendre la dauphine amoureuse de lui ?

– Non, Excellence, rassurez-vous. Il veut seulement prendre votre place.

C'était bien ce que Mercy craignait, mais se l'entendre dire si brusquement lui fit l'effet d'un coup. Il s'adossa à la banquette et s'obligea à respirer profondément plusieurs fois afin de retrouver son calme.

– Qu'est-ce qui vous fait croire cela ? reprit-il.

– Monseigneur de Provence sait qu'il n'aura sans doute jamais la confiance du roi – je parle ici du dauphin, mais j'anticipe –, alors il se dit que ça ne serait pas si mal d'avoir celle de la reine. Après tout, Richelieu et Mazarin ont commencé comme cela.

– Que lui raconte-t-il ?

– Il lui donne de très avisés conseils sur sa façon d'être avec son grand-père le roi.

– Qu'a-t-elle besoin de ses conseils ? Je passe ma vie à lui en donner.

– Peut-être le problème est-il justement là, Excellence. À dix-sept ans, on éprouve plus de plaisir à bavarder avec un visage de dix-sept ans qu'avec un autre de quarante.

Cette vérité fut particulièrement désagréable à Mercy.

– Croyez-vous que la dauphine soit amoureuse de son beau-frère ?

– Pas encore. Je ne crois pas qu'il soit dans la nature de la dauphine de tomber facilement amoureuse. Mais je puis me tromper. Si les adolescents étaient prévisibles, cela se saurait.

Autant alimenter un peu l'anxiété de Mercy.

– Est-ce qu'elle vous en parle ?

– Non.

C'était un mensonge. Marie-Antoinette aurait été incapable de garder pour elle cette relation et ces conversations qui emplissaient sa vie. Il fallait qu'elle en parle à quelqu'un. Alors elle racontait à Vermond environ un tiers de ce qu'elle et Provence se disaient. Le reste, Vermond l'écoutait tout seul. Mais il estimait en avoir assez révélé à Mercy pour ce jour.

La voiture, entièrement close, roulait au trot vers Paris.

– Vous croyez que la dauphine attache vraiment de l'importance à tout cela ? demanda Mercy après un moment de silence.

– Oui, Excellence.

Vermond, malgré la rancune qu'il éprouvait envers Marie-Thérèse, était tout simplement en train de dénoncer Marie-Antoinette à sa mère.

C'était voulu. Il avait pris cette décision quelques jours plus tôt. Marie-Antoinette et le comte de Provence allaient trop loin.

Ils passaient maintenant plus d'une heure chaque jour en tête à tête et leur bonheur se lisait sur leurs visages. Deux personnes commençaient à très mal vivre cette histoire. Le dauphin et Marie-Joséphine.

Le dauphin faisait plus que jamais la tête. Il s'enfermait dans son silence et fuyait la cour. Ce n'était pas ainsi, se disait Vermond, qu'on allait rapprocher les deux jeunes époux et envisager la conception d'un héritier.

Marie-Joséphine avait maigri, ses yeux étaient cernés et elle était plus triste que jamais. Cette double trahison, venant de son mari et de celle qu'elle considérait comme son amie, l'accablait. Alors qu'elle adorait les plaisirs de la conversation, elle n'était jamais invitée à accompagner Louis-Stanislas chez Marie-Antoinette. Au début, elle avait tenté de venir quand même, mais les deux autres, avec leurs regards ennuyés, lui avaient fait comprendre qu'elle était de trop. Elle avait renoncé.

Vermond voyait que cette histoire, loin de souder l'équipe des jeunes, était au contraire en train de la diviser. La cour jasait et épiait les visages des acteurs de ce petit drame. Des blessures profondes et durables pouvaient résulter de cette aventure. Il fallait arrêter Marie-Antoinette. Il fallait que Marie-Thérèse intervienne. Et qu'il veille, lui, Vermond, à ce que toutes les personnes qui allaient se mêler de cette histoire n'aggravent pas les dégâts. C'est pour cette raison qu'il sortait de sa réserve.

– Que pensez-vous qu'il faille faire ? demanda Mercy.

– Il faut que l'impératrice écrive à la dauphine. Il ne faut pas qu'elle lui donne l'ordre de rompre ses relations avec Monseigneur de Provence, mais seulement de cesser de le voir en tête à tête. Que l'impératrice l'assure qu'elle ne la soupçonne d'aucune malhonnêteté, mais que les calomnies commencent à courir, ce qu'aucune princesse ne doit tolérer. Votre Excellence, madame de Noailles et moi-même, nous lui parlerons tous dans le même sens.

– Croyez-vous que cela suffira ?

– Nous ne pouvons pas demander plus. La dauphine est à un âge où elle peut envoyer promener toute autorité si elle estime qu'on blesse ses sentiments ou qu'on la contraint trop. Si elle décide de cesser de nous parler, à vous et moi, Excellence, cela lui prendra une seconde et nous ne pourrons rien y faire.

Mercy, pensif, hocha la tête. C'était ce qu'il craignait par-dessus tout.

– Le retour à Versailles nous aidera, poursuivit Vermond. Ici, à Fontainebleau, les vacances et l'absence d'étiquette facilitent toutes ces libertés.

Mercy médita quelques instants.

– Vous avez raison, Vermond, dit-il enfin. Comme souvent.

Il fit glisser le petit volet qui s'ouvrait dans le dos du cocher.

– Faites demi-tour, dit-il, nous retournons à Fontainebleau. (Puis, s'adressant de nouveau à Vermond) : Où voulez-vous que je vous dépose, cher ami ?

– Sur le chemin de la Solle, je rentrerai par la forêt comme si je revenais de promenade.

La nuit tombe vite en octobre. Un brouillard à peine visible s'installait. L'air devenu soudain frais et humide sentait les feuilles tombées, la bruyère et le feu de bois. À travers les arbres, les fenêtres déjà éclairées du château formaient des taches claires. Vermond vit de la lumière derrière celles de Marie-Joséphine. Il pensa à l'air profondément malheureux qu'elle avait, ces derniers jours.

« Il est temps que tout cela s'arrête », se dit-il.

Tard dans la soirée, Marie-Joséphine était couchée. Ses dames, après les souhaits de bonsoir, avaient tiré les rideaux entourant son lit et l'avaient laissée seule. Louis-Stanislas la rejoindrait, mais elle ne savait pas quand. Elle ne savait jamais à quelle heure il viendrait. De toute façon, il se coucherait de son côté du lit et s'endormirait sans lui avoir adressé une parole. Quand ils étaient seuls, il ne se donnait aucune peine pour cacher à quel point elle l'ennuyait. Et désormais, il passait tout son temps chez Marie-Antoinette...

Un mois plus tôt, elle avait eu dix-neuf ans ; elle n'en avait ressenti aucune joie. Jamais, dans le lit, Louis-Stanislas ne s'était approché d'elle. Jamais il n'avait manifesté l'intention de la rendre mère. Depuis plusieurs semaines, ses règles ne venaient plus, mais elle savait bien qu'elle n'était pas enceinte. Elle se détraquait, c'était tout. Ses cycles, depuis l'âge de douze ans, avaient toujours été d'une régularité parfaite. Et elle en avait été fière. Être très régulière, n'était-ce pas un excellent signe de fécondité, la première des qualités pour une princesse ?

Plus aucun son ne venait du salon voisin ; la dame d'honneur qui y dormait sur un lit qu'on dressait pour la nuit devait s'être couchée... Marie-Joséphine écarta les édredons, se glissa à travers les rideaux et, sans bruit, pieds nus, traversa la chambre. Elle ouvrit son secrétaire, le seul meuble fermant à clef dont elle disposait. Dans le plus grand des tiroirs, ses doigts cherchèrent un flacon caché sous les papiers. Sans lumière, elle le déboucha et but rapidement, directement à la bouteille, quatre ou cinq gorgées de son contenu. C'était du vin de Malvoisie, mais elle ne chercha pas un instant à en apprécier le goût. Elle reboucha vite le flacon, le remit dans sa cachette, tourna la petite clef du meuble et revint en courant à son lit. Allongée, elle ferma les yeux et attendit que le pouvoir apaisant de la liqueur fasse son effet. Elle sentit peu à peu une chaleur rassurante se répandre dans son corps, tandis que son anxiété et son chagrin semblaient s'éloigner dans une sorte de brume. Cet état lui permettait de trouver le sommeil. Elle se demandait parfois si elle parviendrait encore à s'endormir sans le secours de ces quelques gorgées.

À Turin, les enfants buvaient de l'eau. À Versailles, elle découvrit qu'on ne servait que du vin à table. Elle n'aima pas les vins âpres et lourds qu'on présentait avec les viandes ; en revanche, les vins doux servis au dessert, les tockay, les montbazillac, les malvoisie, lui plurent. Et elle découvrit qu'elle n'était pas la seule. Les dames à Versailles appréciaient fort les petits verres, seules ou en société. Elle apprit vite aussi que la griserie atténue les idées noires.

Les premières bouteilles qu'elle cacha dans sa chambre, elle les déroba dans l'office de son appartement avec les précautions d'une criminelle, le cœur battant, comme une servante voleuse. À son soulagement, personne ne s'en aperçut ; en tout cas, personne ne fit de remarque sur leur disparition. Marie-Joséphine oubliait souvent qu'elle était chez elle, et libre de se servir dans ses propres placards.

Franche et honnête, elle avoua à son confesseur ces rasades de vin solitaires et nocturnes. Le brave homme n'y vit qu'un très banal et minime péché de gourmandise, le plus excusable et presque le plus gentil des péchés. Il ne sut pas reconnaître la marque d'une détresse profonde. Il lui imposa une minuscule pénitence consistant en quelques prières, elle qui priait déjà tant.

À la même heure, à quelques pièces de distance, Vermond, en bonnet et chemise de nuit, assis dans son lit, réfléchissait à ce qu'il n'avait pas dit à Mercy.

Mercy voulait que Marie-Antoinette cesse de voir le comte de Provence. Il ne se doutait pas que l'intention était réciproque. Louis-Stanislas conseillait à Marie-Antoinette de voir son ambassadeur moins souvent, et jamais en particulier. Et aussi de toujours montrer au roi les lettres qu'elle recevait de sa mère. Afin, disait-il, que son patriotisme de bonne Française fût inattaquable.

Et cela, pensait Vermond, c'était absolument vrai. Le jeune homme avait raison : si Marie-Antoinette voulait se séparer à jamais du surnom d'« Autrichienne », elle devait montrer qu'elle se détachait de l'Autriche.

Mais pour l'instant c'était trop lui demander, elle était encore dépendante de sa mère d'une façon très étroite. Même vivant à trois cents lieues, le cordon ombilical était loin d'être coupé. On n'était pas impunément la fille d'un personnage comme Marie-Thérèse, une personnalité immense comme il n'en surgit que çà et là dans un siècle... Pourtant Provence avait semé l'idée. Il fallait la laisser germer en douceur.

Toutefois, si l'impératrice et Mercy apprenaient le sujet de ces conversations-là, quel drame ce serait ! Ils en tomberaient raide... Mais il y avait peu de chance que Marie-Antoinette leur en parle. Et lui encore moins.

Chapitre 12

CLIMAT HOULEUX

La compétition entre les fiancées du comte d'Artois allait de péripétie en péripétie.

Louise de Condé, avec d'autres filles de la grande noblesse, était pensionnaire à l'abbaye de Panthémont, rue de Grenelle. Le jeune Artois, à l'aide d'échelles et de murs romanesquement franchis, parvint à remettre à Louise une lettre dans laquelle il jurait de n'épouser qu'elle. Et, dans l'idée de mettre son grand-père devant le fait accompli, il se vanta de cette aventure. Louise prenait la tête de la course.

Alors M. de la Marmora abattit toutes ses cartes : la Savoie offrait deux fiancées possibles, Marie-Thérèse ou Marie-Anne. Et, en plus, elle proposait un double mariage : le duc de Piémont, Charles-

Emmanuel, le frère aîné de Marie-Joséphine, pourrait épouser Madame Clotilde. Clotilde serait un jour reine de Sardaigne et duchesse de Savoie. La Savoie regagnait une partie du terrain perdu. La princesse de Saxe semblait distancée.

L'émotion était à son comble quand le duc de Condé, le père de Louise, ruina les chances de sa fille par une parole malheureuse. Il eut la maladresse de dire du bien de ces messieurs du Parlement de Paris que Louis XV considérait comme les ennemis mortels de la monarchie en général, et les siens en particulier. Le duc fut prié d'aller visiter ses campagnes et Louis XV fit savoir qu'il ne consentirait jamais au mariage Condé. Louise était éliminée.

La double proposition savoyarde semblait s'imposer par abandon. Mais... Marie-Thérèse ou Marie-Anne ? Louis XV se consultait et faisait attendre sa décision.

Clotilde avait grandi. Elle n'avait pas maigri, mais son caractère s'était adouci. À quatorze ans, elle n'était plus le chat sauvage de onze ans que Marie-Antoinette avait connu à son arrivée.

Elle jouait de la guitare, et se passionnait pour son instrument au point de travailler plusieurs heures par jour. Elle jouait réellement bien, comme une artiste et non comme une dame qui se distrait. Dès l'arrivée de Marie-Joséphine, elle s'était bien entendue avec sa nouvelle belle-sœur. Leurs caractères s'étaient compris. Marie-Joséphine avait l'oreille d'une vraie musicienne, elle fut la première à reconnaître et admirer le talent de Clotilde, auquel personne jusque-là n'avait spécialement prêté attention.

La musique rapprocha Marie-Antoinette de ses belles-sœurs. Petite, à Vienne, on lui avait fait étudier le clavecin. Avec le grand compositeur Gluck pour professeur. Elle avait trouvé cela parfaitement rébarbatif. Elle ne comprenait rien aux partitions, alors elle apprenait par cœur les quelques notes qui composaient ses petits exercices et les restituait le plus vite possible sur le clavier. Le maître Gluck parlait de rondes, de noires, de blanches, qui lui semblaient des personnages étranges. Il mettait en route un métronome que la petite Marie-Antoinette s'appliquait à ne pas écouter, ce tic-tac la dérangeant.

En France, elle s'était trouvée débarrassée des leçons de musique. Marie-Thérèse n'avait pas demandé qu'on les continue ; pour l'impératrice, l'essentiel de l'éducation, c'était la structuration de la pensée par les grands auteurs ; la musique, c'était joli, mais pas indispensable.

Mais, en entendant les harmonies que ses belles-sœurs pouvaient sortir, l'une de sa guitare et l'autre de sa harpe, Marie-Antoinette fut saisie d'un nouvel entrain pour la musique. Avec l'enthousiasme qu'elle mettait en toute chose, elle voulut une harpe et un professeur, et se jeta avec ardeur dans l'apprentissage de son nouvel instrument. Son esprit bohème était toujours aussi peu perméable aux notions de temps et de mesure, mais elle était d'une humilité charmante à l'égard des sons qu'elle produisait. Elle était la première à rire de ses fausses notes. Et la première à se réjouir quand un de ses accords sonnait juste. Et la harpe est un instrument si joli qu'il est difficile d'en tirer des sons qui ne soient pas mélodieux. La musique, ce furent de véritables bons moments que les trois jeunes filles passèrent ensemble.

Et puis, Mme de Marsan, qui avait mis tous ses soins à entretenir l'antipathie que Clotilde pouvait éprouver pour Marie-Antoinette, perdait de son influence. Elle n'avait rien perdu de son aigreur, mais beaucoup de son efficacité. La mort de son vieux complice la Vauguyon avait sonné le glas de ses derniers espoirs d'ambition. Clotilde en grandissant prenait conscience de l'égoïsme et de la sottise de sa gouvernante. Naturellement, petit à petit, comme une plante qui se développe, elle se tournait vers les autres et sortait de l'isolement dans lequel elle avait toujours vécu.

L'arrivée de Marie-Joséphine, la première amie qu'elle eût en dehors de sa petite sœur, fut un bonheur tout nouveau pour elle.

Et, subitement, il fut question qu'elle épouse le duc de Piémont... Elle, la trop grosse, la solitaire, l'oubliée... L'espoir qui se développa en elle fut immense. Elle n'osa en parler à personne, sauf un petit peu à Marie-Joséphine, mais elle se mit à espérer passionnément que la réponse de Louis XV serait oui.

Ses tantes, Mesdames, avaient redouté de quitter Versailles au point de refuser tous les mariages qu'on aurait pu leur proposer. Clotilde s'apercevait qu'elle ne demandait que cela, elle, de quitter Versailles. Quitter ces gens qui ne s'étaient jamais souciés d'elle que pour la surnommer Gros-Madame... Hors Élisabeth et Marie-Joséphine, elle ne regretterait pas grand monde ici.

Marie-Joséphine aussi souhaitait vivement ce mariage entre son amie et son frère aîné. Elle écrivait de longues lettres à ses parents et son frère où elle vantait – en toute sincérité – le bon caractère de Clotilde et son talent pour la musique. Elle décrivait Turin à Clotilde comme le jardin d'Éden ; elle exagérait à peine, la vie à Versailles était si peu facile que Turin lui apparaissait souvent comme un paradis perdu. On n'en était pas encore, loin de là, aux échanges rituels de portraits entre les fiancés, mais elle montra à Clotilde un portrait qu'elle possédait de Charles-Emmanuel. Clotilde fut bouleversée par ce grand garçon maigre aux yeux noirs et au long nez. Il lui sembla l'être le plus majestueux et le plus sympathique du monde. Elle pria sa belle-sœur de lui laisser quelques jours le petit tableau. En secret elle essaya de le recopier, mais elle était moins bonne dessinatrice que musicienne, elle trouva que ses crayonnages ne ressemblaient à rien. Alors elle se concentra sur cette image de façon à en fixer tous les détails dans sa mémoire. Et elle attendit avec anxiété la décision que Louis XV et Victor-Amédée tardaient à prendre. L'un et l'autre, en bons négociateurs, chipotaient pour se donner l'air moins intéressé que l'autre.

Le 17 novembre, la cour quitta Fontainebleau. Marie-Antoinette retrouva sans plaisir Versailles.

Elle avait reçu de toute part, et particulièrement de Vienne, le conseil – l'ordre – de cesser de voir le comte des Provence en tête à tête. On lui avait parlé des calomnies qui se répandaient dans les gazettes, et du danger qu'il y avait à manifester une confiance particulière à quelqu'un. D'abord, elle s'était rebellée : Louis-Stanislas et elle ne faisaient rien de mal ! Fallait-il vraiment que chaque fois qu'elle avait un peu de bon temps, on vienne lui interdire ce qui lui plaisait ?... Mais Louis-Stanislas avait lui aussi conseillé la prudence. Ils continueraient à se rencontrer, mais moins souvent. Et puis, il lui écrirait.

D'abord cette espèce de clandestinité les amusa. Louis-Stanislas écrivait pour elle des lettres dans lesquelles il reprenait leurs conversations de l'été. Et, en profitant de l'architecture compliquée de Versailles et du réseau de corridors privés qui entouraient leurs appartements, ils parvenaient à se retrouver à l'insu des autres.

La consigne de Mercy avait été de ne s'entretenir avec le comte de Provence que de sujets sans conséquences. Ils jouèrent à l'appliquer à la lettre. Chez Mesdames, devant Mercy, en présence de la famille, ils prenaient la mine la plus grave pour débattre de spectacles ou de couleurs de rubans. Ils échangeaient des regards en coin et se retenaient pour ne pas exploser de rire. Mais cette plaisanterie, drôle au début, cessa de les amuser. Et puis, la brièveté de leurs rencontres était frustrante. Comment refaire le monde, en quelques minutes, debout entre deux portes ?

Mesdames continuaient à faire la tête. Elles avaient cru qu'avec la fin des vacances les choses redeviendraient comme avant. Marie-Antoinette reviendrait dans leur appartement ; elle les ferait rire ; elle leur raconterait avec sa gaieté charmante les petites choses de sa vie... Mais Marie-Antoinette avait pris l'habitude de moins les voir et elle se rendait compte maintenant qu'elles l'ennuyaient. Elle les aimait bien, mais elle n'avait plus envie d'aller chez elles. Elle n'avait plus envie de les consulter pour les robes à porter ou l'emploi de son temps. Mesdames en éprouvaient de la peine et Marie-Antoinette s'en rendait compte.

La liberté de Fontainebleau lui manquait.

Tout le monde semblait ligué pour la replonger dans des habitudes dont elle ne voulait plus.

Marie-Thérèse rabâchait ses conseils : *Soyez bien assidue à faire votre cour au roi. La crise politique exige toute votre attention ; le bonheur de nos maisons et le vôtre en dépendent.* Marie-Antoinette réalisait qu'elle détestait cette recommandation perpétuelle de « faire sa cour au roi ». Elle aimait bien le roi, il l'aimait bien : que voulait-on de plus ? Pourquoi l'assiéger de minauderies dont personne, et surtout pas lui, n'était dupe ?

Mercy l'assommait. Voulant la reprendre en main, il lui infligeait des conversations interminables dans lesquelles il lui rappelait interminablement que les seuls bons conseils étaient les siens, et à quel point sa mère qui l'aimait tant comptait sur elle. Marie-Antoinette répondait oui, oui à tout dans l'espoir d'écourter ses conférences, mais même cette méthode ne marchait plus comme avant.

Pour la première fois, Vermond était absent. Il n'avait pas démissionné, il avait demandé un congé. Il était dans sa famille, à Orléans. Son père était malade, sans doute sur le point de mourir, il aidait sa mère à traverser ce moment. Marie-Antoinette se sentait pour lui pleine de compassion, mais il lui manquait ; d'autant plus qu'elle était privée des conversations avec Louis-Stanislas.

Et, pis que tout, une semaine à peine après le retour à Versailles, la du Barry força sa porte.

Accompagnée de l'inévitable duchesse d'Aiguillon, elle se présenta tout bonnement chez Marie-Antoinette un peu avant le dîner. Intérieurement, la favorite était assez inquiète de ce coup d'audace, pourtant elle parvint à entrer avec un air d'assurance assez réussi. Marie-Antoinette resta stupéfaite devant ce culot. Mais, prise de court, elle n'eut pas le temps de réfléchir. D'instinct, elle recommença le subterfuge de Compiègne. Elle adressa quelques mots à la d'Aiguillon, puis, en regardant le mur à côté de la du Barry, elle ajouta très vite :

– Il fait mauvais temps, on ne pourra pas se promener aujourd'hui.

Ce fut tout. Marie-Antoinette se détourna et se mit à parler, vite et de n'importe quoi, à la première personne qui se trouvait près d'elle afin de signifier à la favorite que sa visite était terminée. Mme du Barry repartit avec des sentiments mitigés. Et Marie-Antoinette s'en voulut à mort de s'être ainsi laissé surprendre, et d'avoir une fois de plus cédé sans le vouloir vraiment. Elle en voulut aussi à Mercy qu'elle soupçonnait d'avoir encouragé la favorite. Ce qui était injuste, Mercy n'y était pour rien. Il était même catastrophé de cette initiative. Il fit de son mieux pour essayer de replâtrer les dégâts.

Il courut chez la du Barry.

– Si vous arrivez à l'improviste chez la dauphine, lui dit-il, vous prenez le risque qu'elle ne soit pas libre de vous parler. Tout à l'heure, Monsieur le dauphin était là, et vous savez qu'il est en ce moment monté contre vous. Madame la dauphine a fait ce qu'elle a pu. Je trouve même qu'en présence de son époux elle a fait beaucoup, et que vous pouvez vous estimer satisfaite...

Mme du Barry, mi-figue mi-raisin, accepta l'excuse du dauphin parce qu'elle était la moins offensante pour son amour-propre et on en resta là.

Marie-Antoinette, en revanche, ne voulut rien entendre.

– Voyez votre amie Barry autant que vous le voulez chez elle, lança-t-elle à Mercy, mais soyez gentil de ne plus me l'envoyer chez moi !

Mercy tenta d'expliquer qu'il n'était pour rien dans cette histoire, mais Marie-Antoinette lui coupa la parole.

– Bonne journée, monsieur de Mercy !

Et elle quitta la pièce.

Mercy demanda sa voiture et reprit la route de Paris. Après avoir roulé quelques minutes, il ôta sa perruque qui lui tenait trop chaud et la jeta sans aucun soin sur le siège en face de lui. Puis il défit sa cravate et l'envoya rejoindre la perruque.

Et Vermond qui n'était même pas là, ces jours-ci...

Il ferma les yeux, appuya sa tête contre le dossier de la banquette et soupira tout haut :

– Qu'est-ce qu'ils ont tous, en ce moment ?...

Le maquignonnage se poursuivait entre les cours de France et de Piémont-Sardaigne. On discutait des qualités des prétendantes à peu près comme de celles de vaches au marché. Il faut dire que les difficultés que rencontraient le dauphin et la dauphine, ainsi que le couple Provence, sur le chapitre de la procréation rendaient Louis XV et Victor-Amédée pointilleux sur ce sujet.

L'ambassadeur de France à Turin avait envoyé des descriptions minutieuses des princesses proposées. Marie-Anne était plus grande et plus solidement bâtie que sa sœur, mais elle était très jeune, et certains cycles naturels se montraient chez elle capricieux. En revanche, sur ce sujet, il n'y avait rien à reprocher à Marie-Thérèse.

Victor-Amédée pinaillait. On lui avait rapporté que Clotilde était grosse avec excès, et l'obésité, c'était connu, n'était pas un bon signe de fécondité. Marie-Joséphine défendait Clotilde avec ardeur. Clotilde n'était pas si grosse qu'on le disait, écrivait-elle à ses parents. Elle avait beaucoup grandi ces derniers temps et sa silhouette s'affinait. Et puis, il était établi que la vie saine qu'on menait en Savoie faisait perdre du poids aux femmes un peu fortes.

Elle défendait aussi sa sœur Marie-Thérèse auprès de Louis XV. Un peu parce qu'elle l'aimait particulièrement et qu'elle aurait été heureuse de l'avoir près d'elle. Mais aussi par souci d'équité, il lui semblait juste de marier des sœurs par ordre d'âge.

Le principal intéressé, le comte d'Artois, refusait obstinément de participer au débat. Ce mariage lui déplaisait absolument, et il le faisait savoir à qui voulait l'entendre. On l'avait obligé à renier le serment fait à la jeune fille qu'il aimait. Il n'acceptait ce mariage savoyard que par obéissance au roi. Alors, Marie-Thérèse ou Marie-Anne, c'était du pareil au même. Il s'en moquait éperdument.

Attitude qui n'arrangeait pas vraiment le climat à Versailles.

Chapitre 13

MEILLEURS VŒUX

L'orage éclata le 1er janvier.

La journée des vœux et son défilé des courtisans avait commencé. Marie-Antoinette se sentait irritée contre tout. Rien n'allait bien. Les fêtes avaient empêché les rendez-vous avec Louis-Stanislas. Vermond avait écrit qu'il resterait encore dix jours auprès de sa mère. Et la lettre que Marie-Thérèse lui avait envoyée pour Noël était pleine de reproches, entre autres celui d'avoir caché qu'elle courait la chasse à cheval.

Si vous me l'aviez avoué la première fois que vous l'avez fait, votre candeur aurait diminué le manque de parole. Mais, ayant dû l'apprendre par les gazettes, cela m'est sensible, je l'avoue, et jette une ombre pour l'avenir sur votre confiance vis-à-vis de moi.

Mais enfin, pensait Marie-Antoinette, pourquoi Mercy n'avait-il pas averti l'impératrice qu'elle ne « courait pas la chasse », elle se contentait de l'accompagner sans prendre aucun risque, ses écuyers étaient là pour en témoigner ?... Elle ressentait toujours très vivement les réprimandes de sa mère et elle ne parvenait pas à sortir de l'impression pénible dans laquelle cette lettre l'avait mise.

Et à cet instant, elle vit entrer chez elle le trio de cauchemar : la favorite, encadrée par ses bonnes amies Mirepoix et d'Aiguillon ! C'était, dans tous ses détails, la situation de l'année précédente qui se renouvelait. Ce moment où elle s'était abaissée et dont elle ne se souvenait qu'avec rage[1]... Que croyaient-elles, les trois pestes ? Qu'elles avaient acquis le droit d'être reçues avec des grâces tous les premiers de l'an chez la dauphine ?

Quand elles pénétrèrent dans la pièce, Marie-Antoinette cessa de parler. Elle ne bougea pas. Elle n'alla pas à leur rencontre. Elle regarda longuement l'endroit où elles se trouvaient, mais sans paraître les voir, comme si elle s'interrogeait sur la décoration intérieure de la pièce... Le silence s'établit dans le salon pourtant empli de monde. Les trois amies, interloquées et commençant à se sentir inquiètes, firent leur révérence, mais Marie-Antoinette ne réa-

1. Voir *Marie-Antoinette, À la cour de Versailles* (tome 2).

git toujours pas. Quelques personnes, dont Mercy, tentèrent précipitamment de relancer la bonne humeur générale par des réflexions sur le charme de cette journée ; ce fut peine perdue, Marie-Antoinette ne desserra pas les dents. Un lourd silence retomba, qui signifiait sans doute possible pour les intruses : « Qu'attendez-vous pour partir ? »

Elles résistèrent avec courage une ou deux minutes, mais l'insulte était si manifeste qu'elles durent s'avouer vaincues et battre en retraite, plus humiliées qu'elles ne l'avaient jamais été.

Quand Marie-Antoinette se retira dans sa chambre pour faire un peu de toilette, Mercy la suivit.

– Altesse ! s'écria-t-il, qu'avez-vous fait ? Vous détruisez tout mon travail !... En une minute, vous anéantissez deux années de mes efforts.

– J'en ai assez de ces femmes qui entrent chez moi comme chez elles ! Est-ce que je ne les ai pas prévenues, il y a un an, qu'elles ne doivent plus rien attendre de moi ? Du reste, comme je n'ai parlé à aucune des trois, je les ai traitées avec égalité, je ne vois pas de quoi elles se plaindraient.

– Altesse, cet argument est d'une mauvaise foi...

– Et ensuite ?

– Comment vais-je rendre compte de cela à l'impératrice ? Imaginez-vous la peine qu'elle va éprouver ?

– Vous n'aurez qu'à ne rien lui dire et vous ne lui ferez pas de peine ! Et si vous voulez que j'arrange les choses et que je me montre plus aimable avec votre amie la prochaine fois, vous ne direz rien à maman de ce qui est arrivé aujourd'hui.

Du chantage à présent... Mercy qui, une heure plus tôt, dans le salon, croyait avoir atteint le sommet de la consternation, dut admettre qu'il n'avait encore rien vu... Et maintenant, il fallait encore courir chez la favorite et tenter de la calmer.

Il la trouva hors d'elle de dépit.

– Eh bien, monsieur, que signifie tout cela ?

Mercy répondit à l'attaque par l'attaque. C'était sa méthode. La favorite, ayant une nature pacifique, ne constituait jamais une adversaire très coriace.

– Je vous l'ai déjà dit, madame, vous ne devez pas vous présenter chez la dauphine quand le dauphin y est.

– C'est donc encore à la présence du dauphin que je dois cet accueil ?

– Bien entendu. Et encore une fois, Madame la dauphine a fait ce qu'elle a pu pour sauver la situation.

– Ce qui, vous l'avouerez, n'était pas grand-chose.

– Détrompez-vous, madame, les choses auraient pu être pires pour vous.

– Je me demande bien comment.

– Elle aurait pu vous tourner le dos et quitter la pièce.

Mme du Barry en resta coite. En effet, elle n'avait pas songé qu'elle s'exposait à un pareil camouflet.

– Bon ! dit-elle, j'accepte ces raisons, mais que cela ne se reproduise plus.

– Cela se reproduira inévitablement, madame, si vous continuez à vous jeter dans les jambes de la dauphine quand elle reçoit en compagnie de son mari.

Mercy n'en fut pas quitte à si bon compte. Le duc d'Aiguillon le guettait à sa sortie de l'appartement de Mme du Barry, et il était beaucoup plus agressif.

– La dauphine, monsieur, lança-t-il, a-t-elle l'intention de narguer le roi en traitant aussi mal les personnes qu'il affectionne ?

Le sang de Mercy se mit à bouillir. Il détestait cet homme qui s'était imposé à la tête de l'État et dont l'unique talent était de servir la liaison du roi et de la favorite.

– Que voulez-vous dire ? répondit-il abruptement.

– Sa Majesté pourrait fort mal prendre ce qui vient de se passer.

« C'est bien ce que tu crains, coquin ! pensa Mercy. Tu sues de peur, monsieur le ministre... Tu te dis que la première de tes missions, c'est que la favorite soit bien traitée à la cour et que tu viens de piteusement échouer. Tu penses que le roi a renvoyé des gens plus intelligents et plus considérables que toi, c'est même une de ses petites habitudes quand il se fatigue de quelqu'un... Ça ne te dit rien de te retrouver consigné dans tes terres, à parler moisson et engraissage des cochons avec tes fermiers ? »

– Monsieur le duc, dit froidement Mercy, ma mission est de servir d'intermédiaire entre l'impératrice et le roi. Seules les questions de politique étrangère me concernent. Par souci du bien-être général, j'ai consenti à tenter d'aplanir les relations entre Madame la dauphine et la comtesse du Barry. Et je crois y avoir pas mal réussi jusqu'à ce jour. Allez vous plaindre de cet incident au roi si vous le voulez mais, moi, je me limiterai désormais à mes fonctions. Et je vous avertis que si l'on tourmente la dauphine à ce sujet, elle alignera sa conduite sur celle de son mari et des filles du roi, ce qui est son droit le plus absolu ; et je ne ferai rien pour la dissuader.

« Maintenant, va dire du mal de la dauphine au roi, si tu l'oses ! ajouta-t-il intérieurement. Moi aussi, je peux pratiquer le chantage, si je veux. »

Mercy avait frappé où ça faisait mal. Il vit le duc d'Aiguillon changer de visage.

– Voyons, mon cher monsieur de Mercy, comme vous prenez flamme !... Mon seul désir, en vous parlant ainsi, est de rendre service à Madame la dauphine...

« Et pour cause, pensa Mercy, elle sera un jour ta reine. Tu es bien obligé de ménager la chèvre et le chou. »

Le duc prit le bras de Mercy.

– Mon cher monsieur de Mercy, des journées comme celle-ci sont fatigantes pour tout le monde. Les esprits s'échauffent pour des riens... Je suis persuadé que Madame la dauphine, avec sa gentillesse naturelle, aura à cœur de réparer ce minuscule incident, que personne n'a voulu. Et c'est bien ce que je dirai à Sa Majesté.

– Mon cher duc, dit Mercy, glacial, vous avez véritablement un don pour la conciliation.

Tard dans la soirée, après le souper au Grand Couvert, Mercy rentra chez lui. Il faisait nuit noire et très froid. Il avait les pieds glacés et mal au dos d'être resté debout toute la journée. Assis dans sa voiture, il resserra son manteau contre lui.

– Bonne année 1773 ! murmura-t-il dans l'obscurité.

Chapitre 14

L'OPÉRA

La vengeance de la favorite ne se fit pas attendre très longtemps.

Marie-Antoinette et Marie-Joséphine revenaient de chez Victoire en passant par les terrasses afin de profiter du soleil, quand une fenêtre de l'appartement de Mme du Barry s'ouvrit au-dessus d'elles et elles reçurent le contenu d'un plein seau d'eau.

Marie-Joséphine, trempée, abasourdie, voulut rentrer précipitamment chez elle avant que quelqu'un puisse la voir dans cet état, ce qui était sans doute la réaction souhaitée deux étages plus haut. Mais Marie-Antoinette prit fermement la main de sa belle-sœur et monta tout droit chez le roi.

– Regardez, papa, à quoi on s'expose en passant devant chez vous !

Louis XV, stupéfait, contemplait ses petites-filles dont les robes s'égouttaient sur son tapis en formant deux mares.

– D'où dites-vous, ma fille, que cette eau est tombée ?

Marie-Antoinette, à travers la croisée, pointa du doigt les fenêtres de Mme du Barry.

– De chez vous, papa.

Il ne releva pas l'insolence. Il soupira intérieurement. Dieu ! qu'il détestait ce genre d'histoires...

– Allons, mes filles, croyez que je suis très fâché de ce qui vient d'arriver. Ce n'est sans doute que la négligence d'un domestique, mais elle est intolérable. Soyez sûres que je ferai chercher et réprimander le maladroit. Maintenant, allez vite vous changer, mes filles, vous pourriez prendre froid.

Après leur départ, il considéra les fenêtres de sa compagne. On était à Versailles, tout de même, la capitale mondiale du raffinement et des bonnes manières... Avait-elle vraiment besoin de se livrer à ces sots tours ? Et l'obliger, lui, le roi de France, à faire ce qu'il avait le plus en horreur : arbitrer une querelle domestique. Et quel niveau de querelle !... Mais, soudain, il ne put retenir un sourire et secoua la tête. Quelles inventions elle avait, tout de même, et quelle vitalité !... Avec elle, on ne s'ennuyait jamais.

Le carnaval, malgré ses bals et ses mascarades, ne ramena guère la bonne humeur dans la jeune génération. Les princesses recevaient des douches en passant sous les fenêtres de la favorite et le comte d'Artois continuait à raconter qu'il se moquait bien de qui on voulait le faire épouser. Louis XV chercha ce qui pourrait bien distraire ses petits-enfants.

Marie-Antoinette et Marie-Joséphine avaient depuis longtemps envie d'aller à Paris au bal masqué de l'Opéra. Les gens indépendants et à la mode de la cour s'y rendaient régulièrement et affirmaient qu'on ne s'amusait vraiment que là. Jusqu'alors, le roi avait toujours refusé cette permission. Il n'aimait pas Paris. Il se méfiait de cette ville insolente et indocile. Ses petits-enfants, jugeait-il, étaient plus à leur place à Versailles... Mais pour leur faire plaisir, pour essayer de trouver un remède au climat maussade qui régnait à Versailles, Louis XV dit enfin oui pour le bal de l'Opéra.

Le plaisir et la nouveauté concernaient surtout Marie-Antoinette et Marie-Joséphine. Le dauphin, qui rêvait parfois de voyages lointains sur des cartes du monde, n'éprouvait aucune curiosité pour

Paris ; et tous les bals, masqués ou non, l'ennuyaient. Le comte de Provence s'était déjà rendu incognito à ce bal ; il avait trouvé qu'il y avait trop de monde et que la salle sentait mauvais le suif des bougies et la transpiration. Quant au comte d'Artois, dispensé de tout contrôle depuis la mort de M. de la Vauguyon, il se rendait chaque nuit ou presque à Paris et était devenu une sorte d'expert des endroits où l'on s'amuse.

Marie-Antoinette prit à cette escapade un plaisir immense.

Cela commença pendant les jours qui précédèrent la soirée. Elle essaya des dizaines de dominos et de masques, avant de se décider pour un domino de soie gris perle et un loup de velours gris qui allait particulièrement avec le bleu de ses yeux, la seule chose d'elle qu'elle montrerait.

Le fameux soir arriva enfin. À la surprise générale, le dauphin avait accepté de venir, et, même, il se montra content et de bonne humeur du début à la fin de la nuit. Le groupe des jeunes gens pénétra dans l'Opéra par la porte privée qui communiquait avec le Palais-Royal. La salle était immense, éclairée par des lustres géants à cent bougies. Les bourgeoises, les duchesses et les dames entretenues dansaient sous des dominos de toutes les couleurs. Plus la cohue était grande, plus on se félicitait le lendemain d'y avoir assisté.

Marie-Antoinette dansa un menuet avec le comte d'Artois, et un quadrille avec le duc de Chartres, le cousin de son mari. Sa hardiesse n'alla pas jusqu'à danser avec un masque inconnu, mais elle échangea tout de même quelques mots presque galants avec des étrangers masqués. Pendant une demi-heure, elle put croire qu'elle n'était pas reconnue et ressentir le frisson grisant de l'aventure et de la liberté. En fait, elle était reconnue depuis son arrivée. Le secret n'avait pas été si bien gardé. Et l'entrée du petit bataillon princier par une porte privée, précédé de policiers déguisés mais fort reconnaissables pour des Parisiens, avait manqué de discrétion. Mais le public était sincèrement heureux de voir les jeunes princes à Paris et, par une sorte de gentillesse collective, pour ne pas gâcher le plaisir général, pendant un moment, personne ne fit semblant de rien.

Ils ne rentrèrent à Versailles qu'à sept heures du matin. Marie-Antoinette, excitée comme une pie, n'avait aucune envie de dormir tant elle avait de choses à raconter à propos des masques, de ce que les masques lui avaient dit et de ce qu'elle leur avait dit.

Et enfin, suprême petit plaisir, elle avait réussi à dépister Mercy. La sortie était prévue pour le jeudi suivant le mardi-gras. Elle fut avancée d'une semaine. Marie-Antoinette « oublia » d'avertir Mercy de ce changement, et miracle ! personne ne songea à le prévenir. Mercy qui avait bien prévu d'être là, caché sous un domino, et de ne pas lâcher Marie-Antoinette des yeux de la soirée, apprit deux jours plus tard que le bal avait eu lieu sans lui.

– Si vous saviez comme je me suis bien amusée au bal de l'Opéra, monsieur de Mercy, lui dit-elle avec une naïveté presque parfaitement rendue.

Enfin, Louis XV et Victor-Amédée firent connaître leurs décisions. Le comte d'Artois épouserait Marie-Thérèse[1] et, un an plus tard, Charles-Emmanuel épouserait Clotilde.

Le public qui adore toujours les histoires de mariages princiers fut charmé. Louis XV était ravi car il aimait tout ce qui venait de la Savoie. Clotilde, en secret, exulta de joie. Marie-Joséphine, qui voyait ses efforts aboutir, fut enchantée. Et Mme du Barry rayonna à l'idée d'un nouveau mariage à organiser, d'une nouvelle maison à monter et d'un nouveau monceau d'argent à dépenser.

1. Il y aura désormais deux personnages répondant au nom de « Marie-Thérèse » dans ce récit : l'impératrice Marie-Thérèse, mère de Marie-Antoinette ; et la jeune Marie-Thérèse de Savoie, l'épouse du comte d'Artois.

Trois personnes furent mécontentes. Le comte d'Artois, qui avait décidé de se montrer le plus désagréable possible dans tout ce qui concernerait ce mariage. L'impératrice Marie-Thérèse, qui tenait absolument à voir un complot contre sa fille dans cette réunion de Savoyardes : c'était évident, on créait à Versailles un clan piémontais pour s'opposer à la dauphine !... *Deux sœurs de la même maison, la partie devient forte,* écrivait-elle à Marie-Antoinette ; *vous aurez d'autant plus à vous garder et ne rien négliger qui puisse donner prise contre vous.* Et enfin Mercy, qui réprouvait ce choix par solidarité avec son impératrice.

Marie-Antoinette ne croyait guère au complot des Savoyardes. Elle essayait même gentiment, et sans succès, de dissuader sa mère d'y ajouter foi. Elle connaissait bien Marie-Joséphine : personne n'était plus inoffensif que sa belle-sœur, elle avait déjà bien du mal à simplement exister à Versailles... Et elle ne voyait pas pourquoi sa petite sœur qui arriverait dans quelques mois serait très différente.

En revanche, un souci commun rapprochait Marie-Antoinette de Marie-Joséphine. De toute évidence, Artois n'avait aucun problème avec les femmes. C'était même plutôt le contraire. Il avait des maîtresses à Paris, fréquentait des actrices, et l'on parlait d'un ou deux enfants déjà semés çà et là.

Que se passerait-il si Marie-Thérèse avait un enfant la première ?

Ce fut dans ces termes qu'elle posa la question à Vermond. Elle ne s'était encore jamais ouverte aussi franchement de cette angoisse.

– Que se passera-t-il si la comtesse de Provence est enceinte avant moi ?

– Rien.

– Cela changera fatalement bien des choses ici.

– Rien du tout. Que voulez-vous qu'il advienne ? Si l'une de vos belles-sœurs a un fils, ce sera une très bonne chose pour la famille. La succession s'en trouvera assurée pour une génération de plus, ce qui sera très important pour la tranquillité d'esprit de la nation. Et cela ne changera rien pour vous. Votre mari sera roi et, tant qu'il sera en vie, vous serez reine. Vous aurez seulement une part de responsabilité dans l'éducation de ce neveu qui sera peut-être un jour roi de France. Vous savez, Altesse, je crois que tout cela a moins d'importance qu'on ne vous le dit...

– Comment cela ?

– Vous êtes tous si jeunes, aucun de vous n'a vingt ans... Il peut se passer tant de choses ! Des enfants, vous en aurez sûrement tous, mais ils n'arriveront pas forcément dans l'ordre de vos âges. Et, qui aura des garçons, qui des filles ? On ne peut le savoir... On vous fait croire que vous êtes en compétition avec vos belles-sœurs, mais, vous savez, Altesse, tout devient plus simple si vous les considérez comme des alliées.

– C'est un peu ce que dit Louis-Stanislas...

– Il a raison. Mais pour cela, il serait essentiel que vous passiez plus de temps avec votre mari.

– Moi, je veux bien, mais quand ? La moitié de la journée, il est à la chasse ; l'autre moitié, il s'enferme dans sa forge ; en plus, maintenant, il a sa lubie des travaux, et il n'écoute rien de mes remontrances à ce sujet...

Le dauphin avait décidé de modifier son appartement. Il faisait déplacer les cloisons et bouger les cheminées. Il s'était toujours senti plus à l'aise avec les ouvriers qu'avec les gens de la cour. À la consternation de Marie-Antoinette, il passait des heures sur son chantier, transportait lui-même des poutres, se mettait en sueur, soulevait des bards à mortier pesant cent livres, posait des briques, se couvrait de plâtre et riait avec les maçons de son gros rire de brave homme... Il adorait cette vie et ce travail.

– Alors ne lui en faites pas... conseilla Vermond, qui trouvait le dauphin infiniment plus sympathique quand il faisait le maçon que lorsqu'il s'excitait comme un fou à la chasse, ne tuant jamais assez de gibier pour être rassasié. Les travaux manuels sont son goût, laissez-les-lui. De toute façon, vous ne le changerez pas. Votre mari n'est pas quelqu'un qu'on peut changer.

– Tout de même, un mari suant et couvert de mortier, ce n'est pas très flatteur pour moi.

– Et pourquoi pas ?... Dites-moi, Altesse, je crois que vous avez aimé aller à Paris.

– Oh ! mon Dieu, oui... C'était comme si je... Je ne sais pas...

– Je crois qu'il faudrait y retourner souvent.

– Mais mon grand-père a dit que le bal de l'Opéra, c'était une seule fois, en l'honneur du carnaval.

– Donc ne lui parlez plus du bal de l'Opéra. Votre grand-père n'aime pas qu'on revienne sur des décisions arrêtées. Proposez d'autres endroits, la Comédie-Française, les Italiens... Rendez-vous régulièrement aux événements qui ont lieu dans Paris, ou même simplement en promenade... Je suis allé plusieurs fois à Paris depuis votre sortie à l'Opéra. J'ai écouté les conversations et j'ai lu les gazettes. Les Parisiens ont été enchantés de vous avoir parmi eux, vous et votre mari. Depuis quarante ans, votre grand-père vit à l'écart de Paris, sans jamais cacher qu'il n'aime pas sa capitale. À tel point qu'il a même fait ouvrir une nouvelle route contournant Paris pour aller de Versailles à Compiègne en évitant la ville[1]. On commence même à dire que le dauphin et vous reviendrez un jour vivre à Paris...

1. Les Parisiens surnommèrent cette route la « route de la Révolte ».

Les premières sorties de Louis et Marie-Antoinette furent un grand succès, plus grand encore que ce que Vermond attendait. Les Parisiens adorèrent le jeune couple. Qui le leur rendit.

Le public ne savait pas grand-chose de son dauphin. La rumeur disait qu'il n'était pas très malin et, comme on ne le connaissait guère, on se contentait de cette image. Les Parisiens découvrirent qu'il était un grand et fort gaillard, et que, bon cavalier, il ne manquait pas de majesté quand il était à cheval. À la cour, il était habituellement silencieux, renfrogné, presque hargneux. Face aux badauds parisiens, il retrouvait la facilité de contact, la bonhomie, presque la confiance, qui lui avaient toujours été naturelles avec les gens d'écurie et les maçons. À Versailles, il ne se souvenait d'aucun moment où on ne l'avait pas comparé à l'un de ses frères, en général à son détriment ; il ressentait en permanence qu'on le dédaignait pour n'avoir pas encore su rendre sa femme enceinte. À Paris, pour la première fois de sa vie, on le trouvait sympathique ; on ne pensait pas à ses frères, ou fort peu, comme à des êtres subalternes ; et ses difficultés avec sa femme ne semblaient finalement rien de bien grave, ils étaient jeunes, ils avaient le temps... Il était si solide gaillard et la dauphine si belle femme qu'on ne voyait pas comment ce joli couple pourrait ne pas réussir à fabriquer un beau garçon.

Car, en effet, Marie-Antoinette était devenue une belle femme.

Entre Marie-Antoinette et Paris, c'était une histoire d'amour. Dès la première minute, elle aima cette ville jeune, vivante, entreprenante, où les soucis qui semblaient des montagnes à la cour devenaient soudain tout petits. Quand elle rentrait à Versailles, elle pensait déjà à son prochain rendez-vous avec Paris. Les Parisiens avaient fait la connaissance de la dauphine au moment des fêtes de son mariage. On se souvenait d'une fillette maigrichonne, touchante et intimidée, vêtue d'une robe brodée d'or trop lourde pour elle. Elle était devenue une grande et belle femme. Ses épaules et sa gorge s'étaient épanouies. Et surtout, elle avait pris possession des qualités qui seraient toute sa vie les principaux atouts de sa beauté, une belle silhouette, un dos droit, un port de tête majestueux et une grande grâce dans les mouvements.

Louis, pour la première fois, se rendait compte que Marie-Antoinette lui faisait honneur. Il voyait bien que c'était surtout elle qui possédait le cœur des Parisiens, mais on trouvait qu'il était un compagnon digne d'elle, et il en éprouvait pour elle de la reconnaissance. Rien ne pouvait les rapprocher davantage.

Les moments passés avec Louis-Stanislas devinrent plus rares. Marie-Antoinette avait moins de temps et, était-il si important, à la fin, de faire des plans parfaitement virtuels sur l'avenir, quand Paris, si puissamment réel, était là ?

Alors qu'ils étaient ensemble, Louis-Stanislas, plusieurs fois, se rendit compte que la pensée de Marie-Antoinette était ailleurs. Étaient-ils bien les mêmes personnes qui, un mois auparavant, n'avaient pas assez de toutes les minutes d'un quart d'heure pour s'apprendre tout ce qu'ils avaient à se dire ? Louis-Stanislas était trop fin pour ne pas comprendre qu'une passion supérieure lui avait en partie ôté l'intérêt que Marie-Antoinette lui portait. De lui-même, il espaça les rendez-vous. Marie-Antoinette ne demanda pas qu'on en augmente à nouveau la fréquence. Il en conclut qu'il avait eu raison : contre Paris, il n'était pas de taille. Leurs rencontres se firent plus rares, mais ils n'y renoncèrent jamais complètement. Leur intimité avait été si forte durant cette année, leurs projets avaient eu pour eux tant de poids que la complicité demeurait.

Chapitre 15

FUGUE

En juillet, il fallut bien partir pour Compiègne, les vacances du roi étant choses immuables. Pour la première fois, Marie-Antoinette n'éprouva pas de plaisir à l'idée de s'y rendre. Les chevaux, la forêt, oui, bien sûr... Mais quitter Versailles, c'était s'éloigner de Paris. Six semaines sans l'Opéra, sans la Comédie-Italienne, sans la gentillesse du public parisien, avec Mercy à demeure de surcroît, et avec les éternelles chamailleries entourant la famille royale qui allaient revenir au premier plan : Marie-Joséphine qui était triste, Mesdames qui se sentaient délaissées, la du Barry et la clique de ses amies... Et dire qu'elle avait éprouvé un tel regret, à la fin de l'automne précédent, quand il avait fallu rentrer de Fontainebleau...

Malgré la beauté de l'été et la douceur de la vie à Compiègne, Marie-Antoinette découvrit que les chasses du roi étaient décidément toujours pareilles. On passait aux mêmes endroits, avec les mêmes vieux amis, qui faisaient immanquablement les mêmes plaisanteries qui avaient déjà dû cesser d'être drôles trente ans plus tôt. Quand certains vieux compagnons du roi ouvraient la bouche, Marie-Antoinette savait d'avance quelle histoire entendue cent fois allait en sortir, mais dont le roi s'amusait toujours.

Les saynètes et les proverbes que les courtisans jouaient entre eux étaient d'un fade comparés aux envolées, aux insolences et au talent des comédiens de Paris... On était loin de l'ambiance des théâtres où la présence de la dauphine à un balcon avait presque plus d'importance que le spectacle lui-même. On la regardait autant que les acteurs. Et quand elle riait ou applaudissait, la salle éclatait en bravos. Pour un peu, c'était elle qui décidait du succès d'une pièce.

On ne pouvait guère compter sur Louis pour trouver des distractions. Il s'était replongé dans ses passe-temps préférés : la chasse et la maçonnerie. Il avait entamé de nouveaux travaux dans son appartement de Compiègne. Heureusement, le comte d'Artois était là. Il fit découvrir à Marie-Antoinette une nouveauté venue d'Angleterre : le cabriolet. C'étaient de petites voitures à deux brancards, tirées par un seul cheval. On y montait seul ou à deux, et l'on conduisait soi-même, ce qui évitait l'encombrante présence d'un cocher. Il emmena Marie-Antoinette dans des galops sur les allées cavalières, puis il lui passa les guides et lui offrit d'apprendre à conduire elle-même. Ces voitures jolies comme des joujoux, indépendantes et intimes, enchantèrent Marie-Antoinette qui vit passer les semaines un peu moins lentement.

Mercy naturellement fut horrifié de cette invention. On avait enfin passé le cap des dangers que l'équitation pouvait faire courir à une cavalière débutante, et voilà qu'elle allait se mettre en péril de verser avec un de ces engins ! Et interdire, c'était impossible, elle l'aurait envoyé paître...

Il ne voulait particulièrement pas fâcher Marie-Antoinette en ce moment. Il avait de grands projets pour elle. Le succès qu'elle rencontrait à Paris et les bonnes relations qu'elle établissait avec son mari lui donnaient de vastes idées.

Tout annonçait que Marie-Antoinette serait une reine populaire. Le dauphin était bien gentil, mais, Mercy en était convaincu, il n'aurait jamais l'intelligence ni la personnalité nécessaires pour diriger un royaume. D'autre part, il n'était guère attiré par les femmes, même pas par la sienne. Et pas non plus par les hommes, ce qui aurait pu être une explication ;

il n'avait aucun ami, ni de son âge, ni plus jeune ou plus vieux. Donc, Louis XVI n'aurait probablement pas de maîtresses ni de favoris. La seule personne qu'il semblait aimer un peu était Marie-Antoinette. Si elle savait s'y prendre, elle pourrait un jour régner complètement sur la France.

L'impératrice et Mercy avaient formé ce plan depuis le mariage des enfants. Mais à l'époque ce n'était qu'un projet vague, un pari sur l'avenir, sans garantie de succès... Or le printemps qui venait de s'écouler semblait leur donner raison. Le grand projet prenait corps... Parfois, Mercy s'enthousiasmait tellement à remuer ces idées qu'il en passait la nuit sans dormir.

Chaque fois qu'il pouvait mettre la main sur Vermond, il lui parlait de cet avenir admirable. Vermond n'y croyait pas du tout, mais Mercy était si emballé qu'il n'écoutait aucune objection.

– Il faudrait commencer à former la dauphine aux affaires politiques, mon cher ami. Ne croyez-vous pas que vous pourriez lui parler moins de littérature et plus de politique générale ?

– Son Altesse n'étudie pas la littérature en ce moment.

– Qu'apprend-elle alors ?

– À conduire un cabriolet. L'année dernière, Excellence, vous avez dispensé la dauphine de tout travail pendant les vacances d'été. Son Altesse considère que c'est une habitude établie. Nous n'avons pas ouvert un livre depuis que nous sommes ici.

– Il faut lui dire qu'une permission qui était valable l'année dernière, parce qu'elle était un peu fatiguée, ne l'est pas tous les ans.

– Je l'ai dit. (Ce n'était pas vrai ; Vermond, convaincu de l'inutilité de la démarche, ne l'avait même pas tentée.) Son Altesse m'a répondu que la permission venait de Votre Excellence. C'est à Votre Excellence de la révoquer.

– Ah !... Je vais voir ce que je peux faire, je vais lui en parler...

« Vous n'en ferez rien, Excellence, pensa Vermond. Vous auriez beaucoup trop peur de l'irriter. Surtout en ce moment où vous rêvez de devenir le premier ministre secret de la véritable souveraine de la France. »

Vermond pour la première fois éprouva le désir réel de s'en aller. Peut-être était-ce à cause de l'ennui absolu qu'il ressentait à Compiègne. L'inutilité de cette vie de cour lui sautait ici aux yeux de façon encore plus évidente qu'à Versailles. Le roi allait à la chasse, le roi allait à la messe, le roi dînait en famille, le roi soupait chez sa maîtresse et jouait aux cartes avec ses vieux amis ; la famille faisait la tête à la maîtresse... Et toute la cour, et toute la jeune génération se trouvaient entraînées dans cette vie morne de retraité. Est-ce que cela valait la peine, se demandait Vermond, de s'imposer à lui-même cette espèce de réclusion pour observer un village de vacances pour personnes âgées ?

Bien sûr, il y avait Marie-Antoinette. Mais l'espèce d'espionnage qu'il menait autour d'elle lui pesait de plus en plus. De quel droit ? Au nom de quoi ? Théoriquement, c'était pour l'aider ; mais était-il si sûr d'être plus capable qu'un autre de l'aider ? Et s'il était au contraire un boulet pour elle ? Un objet de blocage entre elle et son mari, un homme de l'ombre à qui l'on reprocherait toujours les mauvaises décisions qu'elle prendrait ?...

Il s'était souvent promis de partir un jour, mais sans jamais trouver le désir de le faire. Aujourd'hui, ce désir, il l'avait. Il se sentait capable de partir sans trop souffrir. Il fallait profiter de cette espèce de blanc affectif qui peut-être ne durerait pas.

Vermond prévint Marie-Antoinette qu'il souhaitait s'absenter quelques jours pour des affaires qui demandaient sa présence à Paris. Si elle avait des lettres à écrire, il fallait s'y mettre tout de suite afin qu'il puisse les relire et corriger l'orthographe avant son départ.

Le 14 août, il passa à l'appartement de Mercy et y déposa le courrier de Marie-Antoinette. Il savait que Mercy était invité à dîner quelque part dans le château, aussi attendit-il pour se rendre chez lui d'être sûr de ne pas l'y rencontrer. Il remit les lettres au secrétaire d'ambassade et prit congé comme pour quelques jours ; le secrétaire lui souhaita courtoisement un bon voyage, il répondit en lui souhaitant une bonne journée. Puis il quitta le château à pied, son balluchon contenant ses livres et quelques vêtements à l'épaule. La diligence de Paris était déjà partie. Mais une autre passant par Senlis s'arrêtait à Arsy en fin d'après-midi. Il pouvait y être en deux ou trois heures de marche. Il partit à pied vers le pont qui enjambe l'Oise. Il n'avait pas envie de s'attarder à Compiègne. Il avait beaucoup plus l'impression de s'évader que de démissionner.

Il fut à Paris vers onze heures du soir. Rester seul ne lui disait rien, alors il se rendit à son ancien collège des Quatre-Nations. Quelques professeurs et quelques élèves qui n'avaient pas de lieu où aller en vacances y passaient l'été. Malgré l'heure tardive, ils lui offrirent l'hospitalité avec enthousiasme ; il était tout de même la gloire de la maison... Il se sentait bien dans cet endroit paisible, peuplé de gens qui ne pensaient qu'à l'étude. Il avait besoin de calme pour réfléchir à ce qu'il allait faire. Il avait deux idées : l'Amérique, ou alors dans la direction opposée, la Russie...

Mercy rentra chez lui dans l'après-midi. Son secrétaire lui remit le courrier de Marie-Antoinette déposé par Vermond. Mercy trouva parmi les enveloppes une lettre à son nom. Sa stupéfaction fut sans bornes : Vermond lui expliquait en quelques lignes qu'il quittait le service de son Altesse royale ; sa présence, c'était avéré, déplaisait au dauphin ; n'importe quelle dame d'honneur pouvait sans inconvénient reprendre ses fonctions de lecteur ; il remerciait Son Altesse et Son Excellence de toutes leurs bontés pour lui.

« Cette fois, c'est la catastrophe ! » pensa Mercy. Sans Vermond, il se savait incapable de contrôler Marie-Antoinette au quotidien. Mais qu'est-ce qui lui avait pris, à ce garçon ?

Ce fut un branle-bas. Mercy envoya tous son personnel à sa recherche. On apprit au relais de poste qu'il avait raté la diligence de Paris, mais qu'il était sans doute allé en prendre une autre à Senlis. Mercy envisageait de partir lui-même sans attendre pour Paris, quand il se souvint que le lendemain était le 15 août ; le roi et toute la cour seraient à la grande messe de l'Assomption, ainsi qu'aux multiples dévotions qui empliraient la journée. S'il était absent, cela se remarquerait... Et si l'on apprenait qu'il avait couru à la poursuite de l'abbé Vermond, parti sans laisser d'adresse, pour la discrétion, ce serait la palme !...

Le 16, enfin, il put quitter Compiègne, prétextant une urgence. À Paris, il fit chercher Vermond dans tous les hôtels, sans succès. Il rendit visite à l'évêque d'Orléans, qui n'était au courant de rien. En désespoir de cause, il envoya son secrétaire chez la mère de l'abbé, à la Source, près d'Orléans.

Un gai soleil entrait dans la chambre. Vermond avait tiré sa chaise de paille devant la fenêtre ouverte en grand. Les pieds nus, appuyés sur la barre de la fenêtre, et la chemise non boutonnée, il lisait les gazettes du jour que le concierge de l'école était allé acheter pour lui. Un pot de café, remonté du réfectoire, était posé sur le plancher au pied de la chaise. Le 17 août... lut-il, le temps passait vite depuis qu'il avait quitté la cour... Il pensa qu'il faudrait se souvenir d'envoyer quelques lignes à Mme de Noailles ; elle avait été parfaitement gentille avec lui, il était parti sans lui laisser un mot, cela ne se faisait pas... Quelqu'un frappa à la porte.

– Entrez ! fit-il sans quitter sa lecture.

Il savait que les jeunes collégiens en vacances devaient venir le chercher ; la veille, ils lui avaient fait promettre de jouer avec eux à la balle au pied... Il tourna la tête et aperçut le comte de Mercy-Argenteau debout dans l'encadrement de la porte. La sensation qu'il éprouva fut celle d'un prisonnier échappé qui voit des policiers entrer dans la pièce où il se trouve. Il sut que son évasion était manquée, ou qu'en tout cas elle allait désormais lui demander beaucoup plus de résolution. Ils se regardèrent un moment en silence, puis, Mercy fit quelques pas à l'intérieur de la chambre.

– Comment avez-vous pu, mon cher ami, prendre une telle décision sans m'en parler ? demanda-t-il.

– Justement, répondit Vermond, parce qu'elle était difficile à prendre.

Pendant la nuit, Mercy s'était soudain souvenu du collège des Quatre-Nations. Il s'était assis d'un seul coup dans son lit. Mort-diable ! c'était bien sûr ! Vermond y avait conservé des amis... Comment avait-il pu oublier ça ? Dès le matin, il avait envoyé son valet interroger le concierge ; mais oui, avait répondu celui-ci, monsieur l'abbé Vermond séjourne chez nous... Mercy était alors accouru.

– Voyons, Vermond, continua Mercy, je pensais que la confiance que nous nous témoignons, et, si vous me le permettez, mon amitié pour vous, vous aurait incité à me parler des difficultés que vous rencontrez.

– Je n'ai pas rencontré de difficultés particulières ces temps-ci. J'ai seulement réfléchi que, malgré moi, je pouvais être pour la dauphine plus une gêne qu'une aide.

– Vous, une gêne ?

– Le dauphin me déteste. Et cela ne changera pas. Si nous voulons que les deux jeunes gens se rapprochent, il me paraît évident que la meilleure chose à faire est de m'éloigner.

– Mais où prenez-vous que le dauphin vous déteste ?

– Allons, Excellence, tout le monde le sait, vous comme moi, il ne s'en cache en rien, au contraire même... Il ne m'a jamais adressé un mot depuis que nous nous connaissons. Demandez à madame de Noailles, si ce détail vous a échappé.

– Oui, il m'avait échappé... Excusez-moi, mais ce n'est pas aussi évident que vous le dites. Et pour moi, le dauphin n'éprouve pas pour vous de la haine, mais de la timidité. Par votre savoir, l'austérité de votre vie, votre refus de vous mêler aux coteries de Versailles, vous êtes quelqu'un de très spécial à la cour, savez-vous ? Et vous êtes intimidant. Moi aussi, souvent, vous m'intimidez...

– Non. De lui à moi, c'est une jalousie d'hommes. Sa femme a plus confiance en moi qu'en lui. Si j'étais à sa place, moi aussi je me détesterais.

– La dauphine éprouve un chagrin très vif. Elle a demandé : « Comment a-t-il pu partir sans me dire au revoir ? »

Vermond, sans le montrer, soupira. Mercy se servait de l'arme la plus puissante qu'il savait avoir à sa disposition : ses sentiments pour Marie-Antoinette. Mais, d'autre part, il ressentit une impression assez douce à l'idée qu'elle avait eu de la peine de son départ.

– Si je lui avais parlé, je n'aurais pas trouvé le courage de partir.

– Elle vous fait dire qu'elle comprend que la vie que vous menez auprès d'elle n'est pas gaie. Elle dit qu'elle s'est laissée aller à la paresse, ces derniers temps, et que si vous revenez, elle fera des efforts pour mériter votre estime. Et si vous ne voulez vraiment pas revenir, elle aimerait vous revoir au moins une fois pour vous dire adieu.

– Ni elle ni son travail ne sont pour rien dans ma décision.

– Voyons, Vermond, si, dans les mois ou l'année qui arrivent, une grosse difficulté, un réel problème survenait pour elle que par votre présence vous auriez pu empêcher, ne le regretterez-vous pas ?

– Si, bien entendu. Quoiqu'il me semble parfois qu'en l'encadrant comme nous le faisons, vous, moi, l'impératrice, en prenant pour elle toutes les décisions, en lui évitant tout échec, nous ne lui rendons pas obligatoirement service. Si nous la laissions commettre des erreurs et en assumer les retours, elle préparerait sans doute mieux son avenir.

– Y pensez-vous ? Non, non, mon bon ami... Comment voulez-vous qu'une enfant qui n'a pas encore dix-huit ans, qui est très jeune d'esprit comme vous le savez, s'y retrouve dans cette situation si compliquée de Versailles quand des adultes comme nous s'y perdent. On courrait à la catastrophe.

– Elle n'est peut-être pas si jeune d'esprit que ça... Que risque-t-elle ? La cour vit dans un immobilisme absolu et le roi, même s'il ne s'occupe de rien, est là pour assumer la responsabilité de tout ce qui peut arriver.

– Écoutez, Vermond : revenez. La dauphine a besoin de vous. Qui l'aidera au quotidien si vous n'êtes plus là ? La comtesse d'Artois arrive dans deux mois, cela va être un moment délicat pour tout le monde... Et si vous pensez qu'il faut encourager la dauphine à prendre plus d'autonomie, parlons-en, et nous le ferons ensemble... Et j'essaierai d'arranger les choses avec le dauphin.

– N'en faites rien ! Sans le vouloir, vous aggraveriez la situation.

– Allons donc, c'est un garçon charmant... Nous nous expliquerons gentiment. Tout cela n'est qu'un malentendu créé par M. de la Vauguyon.

– Je me permets d'insister : laissez le dauphin tranquille ! J'en fais presque une condition.

– Alors nous le laisserons tranquille, si vous y tenez.

– Laissez-moi la journée pour réfléchir. Je viendrai ce soir chez vous vous dire ma décision.

– Je vous attends.

Vermond savait que son choix était déjà aux neuf dixièmes fait. Ce que Mercy avait dit du chagrin de Marie-Antoinette l'avait ému, et surtout cette crainte si touchante de l'avoir déçu. S'il partait, il l'abandonnerait aux uniques conseils de Mercy et de Marie-Thérèse... Et puis, reprendre son poste aujourd'hui ne voulait pas dire y rester éternellement. Il était déjà parti une fois et il avait pu constater que c'était finalement une chose assez facile ; s'il avait quitté Paris tout de suite, on ne l'aurait pas rattrapé. Et sans doute, s'il avait réellement eu le désir de laisser tout cela, il ne se serait pas arrêté dans ce collège où Mercy l'avait retrouvé en moins de trois jours.

– Je vais reprendre mon poste, Excellence, annonça-t-il le soir.

– Ah ! mon cher ami, comme la dauphine va être heureuse...

– Voulez-vous que je retourne demain à Compiègne ?

– Non. Moi aussi, j'ai réfléchi, et vous allez voir que nous nous soucions de vous plus que vous ne le croyez. J'ai songé que Compiègne est pour vous un endroit particulièrement déprimant. J'y suis à temps complet, laissez-moi me charger de la fin de ce séjour... La cour rentre à Versailles le 30 août, donnez-vous du repos jusque-là. Vous et moi n'en prenons jamais, c'est ce qui amène ces sortes de découragements. Si je vous disais que, cet hiver, j'ai plusieurs fois été sur le point de demander à l'impératrice de me trouver un remplaçant. Je ne crois pas que je l'aurais vraiment fait, mais j'éprouvais du réconfort à y songer.

Chapitre 16

CENDRILLON SE REBELLE

Le mois d'août finit bien par se terminer, et la cour revint à Versailles. Vermond rentra deux jours plus tard.

– Je m'en suis beaucoup voulu, lui dit Marie-Antoinette.

Elle avait des larmes dans les yeux.

– Il ne fallait pas, Altesse. Ce serait plutôt à moi de regretter de vous avoir fait de la peine.

– C'est vrai que je n'ai pas travaillé du tout, cette année.

– C'est vrai. Mais je sais depuis la première leçon que je vous ai donnée que vous n'êtes pas quelqu'un qui aime l'étude. Je ne vous en ai jamais voulu une seconde pour cela. Racontez-moi plutôt ce que vous avez fait depuis que vous êtes rentrée. J'imagine que vous êtes déjà allée à Paris ?

– Ah mon Dieu, oui ! deux fois en deux jours. En octobre, nous repartons pour Fontainebleau, et on ne sait jamais quand on en revient. Si le roi s'y plaît, il peut y faire rester tout le monde jusqu'à Noël... Alors j'ai bien l'intention de profiter autant que je le peux de mon mois à Versailles. En été, les théâtres jouent peu, mais nous sommes quand même allés mon mari et moi aux Italiens. Et puis hier, nous sommes allés à la foire de Saint-Ovide, c'est deux fois aussi grand que le Prater à Vienne.

– Votre mari prend toujours plaisir à ces expéditions ?

– Un peu moins, il dit que sortir le soir l'empêche de se lever tôt pour la chasse. Alors pour ne pas trop mettre sa patience à l'épreuve, j'ai cherché des idées de promenade où je n'ai pas besoin qu'il m'accompagne. Cet après-midi, je vais à Saint-Cloud avec Clotilde et Élisabeth, et demain voir les magasins avec la comtesse de Provence.

– Cela ne le contrarie pas que vous alliez à Paris sans lui ?

– Non, il m'a même dit qu'il était content que je m'amuse.

À ce moment, le dauphin entra. Vermond salua avec respect. Le dauphin, pour la première fois depuis qu'ils se connaissaient, lui adressa un sourire et un bref signe de tête. Un sourire assez figé. Vermond comprit que Mercy et Marie-Antoinette, en secret, étaient passés outre à ses instructions. Comme une bonne surprise qu'ils lui préparaient pour son retour, ils avaient sermonné le dauphin. Ils l'avaient prié de faire un effort de courtoisie. Et le dauphin s'exécutait. « Encore une contrainte qu'il ne me pardonnera pas », pensa Vermond.

Deux jours plus tard, Mercy, l'air ravi, lui demanda :

– Eh bien, mon cher ami, on dirait que les choses vont beaucoup mieux avec le dauphin, n'est-ce pas ?

– Je crois, Excellence, qu'il me déteste encore plus qu'avant.

Le 14 novembre, toute la cour se rendit à la croix de Saint-Hérem pour accueillir Marie-Thérèse de Savoie. Le rituel, la décoration, les mousquetaires rangés en haie et les oriflammes, tout était identique à l'appareil déployé deux ans et demi plus tôt pour Marie-Joséphine. La jeune Marie-Thérèse semblait encore plus intimidée que sa sœur dans les mêmes circonstances. Elle traversa la clairière en suivant le même chemin, s'agenouilla sur le même tapis devant le roi, qui la releva en l'embrassant de la même façon.

Il y avait pourtant deux différences avec le mariage précédent. Mme du Barry trônait de manière encore plus éclatante. Elle n'était plus au premier rang des duchesses, elle était devant elles, presque en face du roi, et vêtue d'une étourdissante robe de satin blanc brodée d'argent. L'autre différence était que le marié faisait la tête, bien visiblement et volontairement.

Charles-Philippe d'Artois, pendant l'année qui venait de s'écouler, était devenu incontrôlable. L'adolescent mince et blond à la jolie figure insolente n'acceptait plus aucune autorité. Et du reste la seule personne qui aurait pu faire acte d'autorité sur lui était son grand-père le roi, et l'on a bien compris que les actes d'autorité n'étaient pas le passe-temps favori de Louis XV. Charles-Philippe ne faisait que ce qui lui plaisait, disait ce qui lui passait par la tête, était brusque, cassant et cynique avec son personnel, sortait toutes les nuits à Paris et s'enivrait jusqu'à vomir dans son carrosse ou sur les pieds de ses amis, ce qu'il trouvait très drôle. Il avait assez prévenu que ce mariage lui déplaisait, il n'allait pas aujourd'hui faire semblant d'être joyeux.

De plus, il ne cachait nullement qu'il était mécontent de la maison que – c'était devenu une habitude – Mme du Barry avait formée pour lui en y plaçant tous ses amis.

– On a composé ma maison d'un assemblage d'espèces dont je me délivrerai au premier moment où j'en aurai le pouvoir, annonçait-il suffisamment haut, fort et souvent pour être sûr que le roi et sa compagne ne manquent pas cette information.

Il avertit aussi :

– J'exigerai de mon épouse qu'elle ne parle ni à la comtesse du Barry ni à aucune femme de sa société.

Pour le roi, ce mariage-ci était moins gai que le précédent.

Le marié accumulait les provocations. La mariée, pétrifiée de timidité, gardait les yeux collés au sol et ne murmurait pas un mot, même quand sa première dame d'honneur lui soufflait à l'oreille des phrases toutes faites. La favorite se défendait contre les avanies du comte d'Artois en redoublant de somptuosité. À ceci près, les fêtes du mariage étaient splendides.

Le repas fut servi dans l'incomparable Opéra de Versailles inauguré pour le mariage de Louis et Marie-Antoinette. Le milieu de table était une véritable rivière, avec son courant, ornée de fleurs, de petits bateaux et de bougies flottantes qui coula pendant tout le repas. On représenta l'opéra *Ermelinde*, où quatre cents grenadiers à cheval défilèrent sur la scène, entrant et sortant par la rue des Réservoirs qui se trouve derrière le théâtre. On regardait la nouvelle mariée. Si elle n'avait pas eu cet air contraint, elle aurait plutôt été jolie. Elle était petite et mince, à la silhouette délicate. Elle avait un visage allongé et un joli cou. Tout le monde attendait le bal ; on se souvenait que Marie-Joséphine, le soir de son mariage, comme un canard qui devient cygne, s'était révélée au moment de la danse. On fut très déçu. Marie-Thérèse dansait mal. Raide, gauche, oubliant les pas, comme si elle dansait à contrecœur. Elle dansait aussi à contretemps, ou plutôt sans temps du tout, mais c'était finalement un défaut très annexe à côté de tous les autres.

En réalité, Marie-Thérèse n'était pas intimidée, elle était ulcérée. À Turin, sans doute pour ne pas l'exposer à une grave déception à son arrivée, on ne lui avait pas caché la froideur que le comte d'Artois manifestait pour ce mariage. Pour tempérer, on lui avait aussi dit que ce mariage était l'un des plus beaux d'Europe, qu'elle devait être fière et heureuse d'avoir été choisie parmi tant de prétendantes, que son mari était un garçon débordant d'énergie, encore un peu tout fou, certes, mais franc et d'un bon naturel, et qui sortirait vite des folies de la jeunesse. Cependant les amateurs de médisances lui avaient aussi rapporté les goujateries du comte d'Artois : il se moquait d'elle devant ses amis et ricanait de son portrait.

Ce n'était pas le mariage dont Marie-Thérèse avait rêvé. Elle n'avait pas un caractère à se laisser humilier avant même d'être mariée. Si Charles-Philippe la dénigrait, elle lui rendrait la pareille. Que croyaient-ils tous : qu'elle allait tendre la joue à chacune de ses mufleries pour en recevoir une deuxième ?

Elle retrouva Marie-Joséphine au rendez-vous de Pont-de-Beauvoisin. Le comte et la comtesse de Provence conduisaient la délégation venue l'accueillir. Elle n'éprouva aucun plaisir à rencontrer sa sœur aînée à cet endroit.

Pourquoi Marie-Joséphine était-elle venue jusqu'ici ? Pour lui jeter tout de suite à la figure son bonheur et son rang ? Pour montrer à tout le monde qu'elle avait un mari qui la respectait, elle ? (Car Louis-Stanislas, s'il se montrait d'une indifférence absolue dans l'intimité, tenait avec sérieux en public son rôle d'homme bien élevé ; devant le monde, Marie-Joséphine n'aurait pas pu lui reprocher un manque d'attention ou de considération.) Marie-Joséphine voulait-elle lui rappeler dès le premier jour qu'elle était au-dessus d'elle par le rang ? La croyait-on bête quand on lui répétait qu'elle faisait un très brillant mariage ? Le comte d'Artois était peut-être un prince du sang, mais il était le troisième ! C'est dire que ses chances de régner un jour étaient quasi nulles. Des troisièmes frères devenus rois, il n'y en avait pas eu souvent dans l'Histoire... En revanche, une maladie, un accident de chasse arrivant au dauphin, et le comte de Provence se retrouvait dauphin et roi un jour. Est-ce que sa sœur croyait qu'elle serait toute sa vie sa Cendrillon ?

De son côté, Marie-Joséphine était sincèrement émue de retrouver sa petite sœur, la première personne de sa famille qu'elle revoyait depuis deux ans et demi. En revenant à Pont-de-Beauvoisin, elle se souvint de sa tristesse le jour où il avait fallu quitter l'excellente Pontebello. Elle se félicitait d'avoir pu venir jusqu'ici et que le sentiment de solitude qu'elle avait alors éprouvé fût épargné à Marie-Thérèse. Marie-Thérèse était parfaitement maussade et ne prononçait pas une parole, mais la bonne Marie-Joséphine mettait cette humeur au compte de la fatigue et du chagrin d'avoir quitté Turin. Elle lui expliquait Versailles et la cour, voulant lui éviter les bévues que son ignorance lui avait fait commettre à son arrivée, sans comprendre qu'elle ne faisait qu'augmenter l'amertume de sa sœur. « On le saura qu'elle est une grande dame de Versailles », pouvait résumer l'état d'esprit de Marie-Thérèse.

Charles-Philippe parvint à atteindre le zénith de la grossièreté pendant la nuit qui suivit le mariage. L'antique cérémonial de la nuit de noces fut célébré dans tous ses rites : la mariée en chemise conduite au lit nuptial par les plus nobles dames du royaume, le mari accompagné à son tour par les hommes, les rideaux fermés, puis rouverts, la révérence et la lente sortie des témoins... Et deux heures plus tard, Charles-Philippe quitta sans s'en cacher le moins du monde la chambre de sa femme et s'en alla finir la nuit à Paris, accompagné d'une joyeuse cavalcade d'amis, chez sa maîtresse l'actrice Rosalie Duthé.

Alors qu'ils sautaient en selle près de l'écurie, quelqu'un demanda où allait Monseigneur. L'un de ses compagnons d'équipée répondit pour lui :

– Monseigneur a une indigestion de gâteau de Savoie, il va prendre Duthé à Paris pour se soigner.

Toutefois, les valets chargés du linge et les écouteurs aux portes eurent dès le lendemain un secret, qui cessa donc aussitôt d'en être un, à vendre. Monseigneur d'Artois, avant de se rendre chez la Duthé, avait fait tout ce qu'un époux doit faire pour qu'un enfant vienne au monde.

Dans les semaines qui suivirent, Marie-Antoinette et Marie-Joséphine déployèrent tous leurs efforts pour apprivoiser Marie-Thérèse. Par sympathie naturelle, et aussi parce que Louis-Stanislas les avait toutes deux bien convaincues de l'importance du « parti jeune ». Elles espéraient qu'en intégrant Marie-Thérèse au petit groupe qu'ils formaient déjà à trois, parfois à quatre quand le dauphin se joignait à eux, elle attirerait son mari parmi eux.

Ce fut peine perdue. Marie-Thérèse ne sortait jamais d'un état d'indifférence et de rancune. Elle ne disait rien. Souvent, quand on lui adressait la parole, elle ne répondait pas. En revanche, elle interprétait parfois une phrase banale ou une plaisanterie comme une attaque ; elle se réveillait alors et, toutes griffes dehors, elle couvrait de reproches et de plaintes la personne qu'elle estimait lui avoir manqué.

– Je ne comprends pas, dit Marie-Antoinette à Vermond. Elle se tait toujours. Quand on lui parle, elle vous fait comprendre qu'on l'ennuie. Si on l'invite, rien ne l'intéresse. Et soudain elle se met en colère pour des riens. Tout à l'heure, elle s'est emportée contre sa sœur pour une remarque qui avait si peu d'importance que je ne m'en souviens même pas... Qu'est-ce qu'elle a ?

– Elle a une personnalité fière. Elle se rebelle contre les humiliations que lui fait subir Monseigneur d'Artois.

– Ce n'est pas contre lui qu'elle se fâche, c'est contre nous.

– Elle ne le voit jamais. Et puis, elle a toujours l'impression que vous et Madame de Provence avez à l'esprit sa position d'épouse dédaignée et trompée.

– Sa situation n'est pas drôle et je la plains, mais elle ne fait rien pour l'arranger. Si elle continue ainsi, bientôt elle n'aura plus personne qui voudra de sa compagnie.

– C'est possible. Je crois que par malheur elle possède un caractère qui convient le plus mal possible à sa position. Avec beaucoup de dignité et de maturité, elle pourrait s'en sortir. Seulement, elle a un caractère jaloux. C'est plus fort qu'elle, elle souffre véritablement de ce que les autres ont et qu'elle n'a pas.

– Comment savez-vous cela ?

– Je l'observe, Altesse. Bien entendu je puis me tromper, mais il ne me semble pas que son individualité soit bien compliquée à déchiffrer.

– Il faudrait la prévenir, lui dire qu'à force de déplaire à la cour et au public, elle va se retrouver seule.

– Sans doute, il le faudrait. Essayez si vous vous en sentez le courage, mais je crois qu'elle n'écoutera personne. Ni sa sœur, ni vous, ni Mesdames. Je crois qu'elle prendra tout conseil de cet ordre comme une marque de mépris. Parce que l'autre aspect de sa personnalité, c'est qu'elle manque d'intelligence.

Chapitre 17

« QUELLE GRIMACE VOUS FAITES !... »

Le mariage du comte et de la comtesse d'Artois avait eu un bon côté pour Marie-Antoinette, il avait fait revenir la cour plus tôt que d'habitude de Fontainebleau. Dès la fin novembre, elle retrouva son cher Paris. La saison d'hiver commençait. Les bals et les spectacles battaient leur plein.

Elle serait volontiers sortie tous les soirs, mais Louis n'avait aucun désir de suivre ce rythme ; il aimait se coucher tôt et se lever tôt pour aller à la chasse. Et puis, vis-à-vis de la cour, de Mercy, de sa mère à qui Mercy inévitablement rapporterait, elle n'osait pas afficher une telle frivolité. Elle se limita à deux théâtres par semaine, parfois trois, et au plus grand nombre possible de promenades dans la journée. Louis, rapidement, renonça, mais

Charles-Philippe se révéla encore une fois un secours précieux. Pour sortir il était toujours disponible. Et tout était six fois plus amusant avec lui qu'avec le tranquille Louis. Il faisait conduire le carrosse de sa belle-sœur au grand galop sur la route de Versailles à Paris, il apostrophait les gens, se moquait de tout et, quelle que soit l'heure, n'avait jamais sommeil. Marie-Antoinette et Artois s'étaient toujours bien entendus. Sur un point, ils se ressemblaient : pour s'amuser, ils n'en avaient jamais assez. La complicité qui les unissait quand, trois ans plus tôt, ils faisaient la course sur leurs ânes dans les allées de Versailles était restée la même.

Ce nouveau compagnonnage de Marie-Antoinette déplaisait fort à deux personnes : les deux Marie-Thérèse. La jeune, à juste titre, parce qu'elle estimait que son mari aurait pu s'occuper un peu plus d'elle et un peu moins de Marie-Antoinette. Et l'impératrice qui constatait que sa fille vivait de plus en plus la nuit, ce qui n'était pas fait pour la rapprocher de son mari. Il se couchait à dix heures du soir, se levait à six heures du matin et partait alors à cheval. Elle se couchait à l'aube, au retour de Paris, et dormait jusqu'à deux heures de l'après midi. Et avec cela, demandait l'impératrice, à quel moment se retrouveront-ils dans un lit pour fabriquer cet héritier qu'elle attendait tant ?

Une troisième personne désapprouvait cette vie essentiellement occupée de choses sans importance, c'était Marie-Joséphine. Elle aimait le théâtre et la musique, mais elle blâmait cette fringale de plaisirs. Elle aurait voulu moins de dissipation et plus de retenue chez la première des princesses. Est-ce que Marie-Antoinette n'avait pas inventé d'aller au théâtre en tenue de ville, à peu de chose près comme une bourgeoise, et non en tenue de cour ? Ce qu'en plus le public, toujours friand de futilité, avait trouvé charmant...

Mais Marie-Antoinette et le comte d'Artois n'avaient cure des ronchons. Ils s'amusaient, et après ? Marie-Antoinette, depuis qu'elle était en France, commençait à avoir une certaine habitude des grogneurs ; quoi qu'elle fasse, dès qu'elle prenait du plaisir, il y avait des grincheux pour critiquer. Quant aux reproches de la jeune Marie-Thérèse dont – on ne pouvait totalement le nier – elle accaparait le mari, c'était bien sa faute ; si elle se montrait moins revêche, Charles-Philippe aurait plus de plaisir à être avec elle... Et le comte d'Artois, de son côté, ne se sentait tenu à aucune obligation envers sa femme. Hors celle de la rendre enceinte, soit. Mais il avait prévenu qu'il se moquait de qui on le faisait épouser. Il tenait parole. On ne pouvait pas l'accuser d'être malhonnête.

Marie-Antoinette, semaine après semaine, envahissait l'un des territoires réservés de la favorite. La du Barry avait toujours voulu se poser en protectrice des arts et des lettres. Elle était amie avec Voltaire, allait voir les nouvelles pièces et lançait les jeunes peintres. Quand Marie-Antoinette commença à aller au théâtre plus souvent qu'elle, à faire la mode dans les spectacles et à ne pas manquer une exposition de peinture, elle voulut redoubler d'activité. Il n'y eut jamais tant de beau monde dans les théâtres que cette saison-là, ce dont la communauté des artistes se réjouit hautement.

Mais, dans cette bataille, la pauvre du Barry était moins libre que Marie-Antoinette. Le roi ne sortait jamais – surtout pas à Paris ! – et il ne supportait pas une soirée sans elle. Elle organisa des représentations privées en invitant les acteurs dans le petit théâtre de sa maison de Louveciennes, mais l'avantage restait à Marie-Antoinette. Bon gré mal gré, elle dut lui céder la place à Paris. Et de plus, elle put constater que Marie-Antoinette y était mieux reçue qu'elle, qu'on sifflait parfois dans les rues et sur qui l'on inventait des chansons où le mot *catin* servait de rime principale.

Marie-Antoinette voyait arriver les fêtes du nouvel an avec une certaine appréhension. Depuis trois ans, les vœux du 1er janvier coïncidaient avec une offensive de la du Barry. La favorite venait de perdre Paris, c'était sûr, elle allait vouloir une revanche à Versailles... Marie-Antoinette s'attendait à voir Mercy venir lui annoncer d'un air chafouin : « Altesse, je me vois malgré moi contraint de vous dire quelques mots au sujet de Mme du Barry... » Mais rien ne venait. Et même la journée du 1er janvier se déroula sans que la favorite se risque chez la dauphine.

C'est que, malgré les splendeurs dont le roi l'avait comblée pendant le mariage du comte d'Artois, Mme du Barry savait que sa position était cet hiver plus fragile et menacée qu'elle ne l'avait jamais été.

Si l'ambiance était joyeuse et insouciante chez les jeunes – en tout cas chez les meneurs, Marie-Antoinette et Charles-Philippe –, elle était abominablement sinistre chez le roi. D'ordinaire, les moments de mélancolie de Louis XV étaient des périodes favorables pour la favorite car elle était la personne la plus capable d'atténuer son anxiété et sa douleur morale. Mais, là, elle se trouvait devant un cas qui la dépassait.

En peu de temps, Louis XV avait successivement vu mourir plusieurs de ses anciens amis, ceux dont justement la présence avait la vertu de le rassurer. Et, comme par une étrange malédiction, certains d'entre eux étaient morts sous ses yeux.

Sorba, l'ambassadeur de Gênes, un familier des soupers chez la favorite, mourut subitement. L'abbé de la Ville, un autre vieil ami commode, venu saluer le roi à son petit lever, s'écroula d'un coup sur le parquet, frappé d'apoplexie. Le marquis d'Armentières, un compagnon de vingt ans, mourut en quelques minutes.

Un soir où l'on jouait au piquet chez Mme du Barry, le marquis de Chauvelin, le vieux complice de Louis XV dans toutes ses aventures galantes, suivait le jeu, appuyé au fauteuil du roi.

Mme du Barry, leva les yeux et s'inquiéta soudain :

– Monsieur de Chauvelin, quelle grimace vous faites !...

Louis XV se retourna et le marquis tomba mort à ses pieds.

L'idée de la mort, la terreur de l'enfer alternant avec l'épouvante du néant, ne le quittait plus. Superstitieux, il voyait des présages de mort partout. Aussi superstitieuse que lui, Mme du Barry lisait tous les horoscopes et voulait voir à chaque ligne l'annonce de sa ruine prochaine. Car elle le savait bien : si l'angoisse de la mort devenait trop intense chez le roi, elle ne serait plus pour lui un secours, mais un danger. S'il avait trop peur d'aller en enfer, il se séparerait d'elle.

D'autant plus que Mesdames, sentant l'ambiance propice pour enfoncer le coin, ne cessaient de répéter à leur père qu'il devait se remarier.

Se remarier ? Alors que, chaque matin, il avait l'impression qu'il n'aurait pas la force d'aller jusqu'au soir... Affronter toutes les années qui lui restaient à vivre dans un sinistre tête-à-tête avec une gamine étrangère à qui il n'aurait rien à dire ? Sans soirées, sans amis, sans soupers, sans fêtes galantes, alors que la soirée était le seul moment des vingt-quatre heures où il commençait à se sentir enfin un peu moins mal ?

Il avait toujours eu peur des maladies. C'était devenu une obsession. Il voulait son vieux chirurgien Lamartinière toujours à côté de lui. Il le faisait dormir dans la chambre à côté de la sienne. Il lui confia :

– Ils me disent que je dois me remarier, je vois bien que c'est pour me dire que je suis vieux. Si on me dit que je dois prendre une femme, c'est pour me faire entendre que je ne dois plus avoir de maîtresse...

Les journées étaient longues et tristes du côté de l'appartement du roi.

Chapitre 18

« LA DAUPHINE ME PARLA LONGTEMPS… »

Marie-Antoinette et les jeunes percevaient peu cette ambiance sépulcrale ; au quotidien, le cloisonnement était étanche entre le groupe des jeunes princes et le cercle des amis du roi et de la favorite. Les jeunes avaient appris le décès de quelques vieux amis de leur grand-père, cela ne les avait pas beaucoup impressionnés. Eh bien oui, c'était certainement bien triste, mais c'était naturel. Ces personnes étaient vieilles, et les vieux mouraient de vieillesse, c'était logique...

Janvier amena des chutes de neige, une belle neige qui tenait au sol. Marie-Antoinette, joyeuse et excitée devant ce paysage qui lui rappelait l'Autriche, eut l'idée d'organiser des courses en traîneau dans le parc de Versailles. Charles-Philippe mit l'organisation sur pied. Le froid était vif, le ciel bleu. Les joues piquaient et les yeux riaient derrière les écharpes de fourrure. Les traîneaux, accompagnés du ding-ding des grelots et des éclats de rire des passagères, descendaient vers le bassin de Neptune, contournaient celui du Dragon, fonçaient dans la descente jusqu'à la grande fontaine d'Apollon et remontaient en lacets vers le grand parterre d'eau qui était à la fois le départ et l'arrivée de la course. L'eau des fontaines avait gelé et les statues étaient habillées de givre. Ce furent vraiment de belles journées.

Et puis, le carnaval arrivant, Marie-Antoinette put mettre à exécution le projet auquel elle n'avait cessé de penser depuis un an : retourner au bal masqué de l'Opéra. Obtenir la permission fut l'affaire d'un instant. Le roi vivait plus que jamais à l'écart de la cour, protégé par le cocon de ses amis, et il était peu en état de discuter quoi que ce soit, du reste sa mélancolie lui faisait trouver toutes ces choses sans importance.

Le soir du 30 janvier, à l'Opéra, tout le monde était là. Parce qu'il gardait un bon souvenir de l'année passée, Louis était venu, il était même causant et de bonne humeur ; les Provence ; Charles-Philippe ; et même Marie-Thérèse qui réussissait le tour de force de faire la tête sous son masque et que cela se voie.

Marie-Antoinette était radieuse. Sans le dire à personne, elle s'était promis d'accomplir ce qu'elle n'avait pas osé faire l'année précédente : danser avec un inconnu qui ne saurait pas qui elle était. Pendant les journées qui venaient de s'écouler, elle avait ressenti chaque fois qu'elle avait pensé à ce projet un mélange d'angoisse, de désir et d'un trouble presque voluptueux.

Avant même d'entrer, en traversant les couloirs du Palais-Royal, elle retrouva avec bonheur le tumulte des bruits et des odeurs venant de la grande salle de l'Opéra : le brouhaha, la foule, la musique, la cire des bougies brûlant par centaines... Ils entrèrent de façon moins visible que la première fois. Artois avait suggéré aux policiers chargés de les protéger d'arriver par une porte différente. Un menuet était sur le point de commencer. Selon la règle du jeu, les cavaliers présentaient le poing, et les danseuses les agréaient ou pas. Marie-Antoinette avait réuni tout son courage pour ce moment-là. Elle jeta son dévolu sur un joli jeune homme qui se présentait ingénument le visage découvert. Elle posa la main sur son poing.

En fait, pour elle, il n'était pas tout à fait un inconnu. Il était venu deux fois à Versailles en décembre. Elle savait qu'il était suédois, qu'il avait dix-neuf ans et qu'il s'appelait Axel de Fersen.

L'ambassadeur de Suède l'avait accompagné à Versailles, et on avait transmis à Mme de Noailles une note priant Madame la dauphine de bien vouloir accueillir avec une bienveillance particulière ce garçon en séjour à Paris. Il était le fils du feld-maréchal de Fersen, un ami très proche du roi Gustave III, donc une personnalité importante en Suède, pays ami de la France. Axel finissait son « grand tour », le voyage des jeunes gens riches à travers l'Europe qui leur permettait d'apprendre les langues, de voir comment était fait le monde et de prendre beaucoup de bon temps. Marie-Antoinette n'avait pas eu besoin de se forcer pour lui adresser un sourire et quelques mots dans la Grande Galerie, elle l'avait réellement trouvé sympathique et beau garçon.

Ce soir, à l'Opéra, ce fut lui qu'elle choisit.

D'abord parce qu'il n'était ni masqué ni complètement inconnu, et que, soudain, au moment de passer à l'acte, son projet l'effrayait un peu. Danser avec lui serait une rencontre sans danger.

Ensuite parce qu'il était authentiquement beau. Grand, avec de beaux cheveux blonds, des yeux d'un bleu intense comme elle n'en avait encore jamais rencontré, un gentil sourire et un regard d'enfant curieux.

Enfin parce qu'il était étranger, et que les étrangers lui étaient souvent sympathiques ; peut-être parce qu'elle se sentait elle-même encore étrangère. Les garçons étrangers étaient plus gentils que les Français, trouvait-elle. Ils étaient moins irrespectueux. Ils ne se sentaient pas obligés d'être toujours piquants et parfois même insolents.

Elle dansa une demi-heure avec Axel de Fersen, qui fut l'une des rares personnes présentes pendant cette demi-heure-là dans la grande salle de l'Opéra à ne pas la reconnaître du tout.

Elle bavarda sans cesse. Elle l'interrogea : que faisait-il à Paris ? Il terminait son tour de l'Europe. Où était-il allé avant Paris ? Au Danemark, en Allemagne, en Suisse et en Italie. Lequel de ces pays était le plus beau ? La France, bien entendu. Et pourquoi ? On s'y amusait comme nulle part et les femmes y étaient incomparables.

Fier d'avoir été remarqué, lui un visiteur, par cette belle Parisienne en domino et masque gris perle, il se racontait sans se faire prier. Marie-Antoinette l'écoutait. Elle aimait son regard, son accent scandinave, la moue un peu enfantine de ses lèvres ; même ses fautes de français avaient du charme.

Elle lui tendit un piège : était-il allé à Versailles ? Oui, deux fois. Avait-il vu la dauphine ? Oui, il lui avait même parlé. Alors, était-elle belle ? Incomparable. (Son vocabulaire français n'était pas très étendu. Toutefois, il avait pu constater, depuis deux mois qu'il était en France, que ce mot plaisait en général à toutes les femmes.)

Une demi-heure se passa ainsi, les yeux dans les yeux. Elle lisait dans les siens une admiration absolument sincère. Et elle était sûre de cette sincérité, car il y avait une autre chose dont elle était bien certaine : il ne l'avait pas reconnue. Il n'y avait aucune bassesse, pas de courtisanerie, nul intérêt dans ce regard bleu comme un ciel de juillet... Demi-coupé du pied droit, demi-coupé du pied gauche, pas élevé, pas élevé, demi-coupé échappé... Le menuet, c'était le troisième qu'ils dansaient ensemble, prit fin. Ils se rendirent alors compte que tout le monde les regardait. Il vint à l'esprit de Fersen que la jolie Parisienne avec qui il dansait devait avoir une position dans le monde, peut-être même était-elle de la cour ?... On s'empressait autour d'elle. Elle salua Fersen d'un souple mouvement de la nuque et d'un battement de paupières, puis rejoignit les siens.

Ils étaient maintenant reconnus par tout le monde, lui dit Louis, il était temps de s'en aller. On lui avait réservé une loge, voulait-elle s'y reposer et s'y rafraîchir un moment avant de rentrer ?... Elle fit signe que oui.

Les amis de Fersen se pressèrent autour de lui pour le féliciter de son incroyable bonne fortune.

– Mais sais-tu seulement avec qui tu as dansé ?

– Avec une personne de la cour ?

– Avec la dauphine !...

– La dauphine...

Ébloui par son aventure, dès qu'il fut rentré chez lui, c'est-à-dire vers quatre heures du matin, il écrivit pour son père le récit de sa soirée : *Au bal de l'Opéra, la dauphine me parla longtemps sans que je la connus...*

Marie-Antoinette aussi, de retour à Versailles, fut longue à trouver le sommeil. Le lendemain, elle était d'une humeur étrange, rêveuse, silencieuse, et semblant trouver dans cette rêverie une complète occupation de l'esprit d'où tous les autres étaient exclus. Vermond ne l'avait jamais vue ainsi.

« Tiens donc... se demanda-t-il, est-ce... ? »

D'ordinaire, quand elle revenait d'un bal ou d'une soirée où elle s'était particulièrement amusée, elle était intarissable. Elle ne cessait de raconter ce qu'elle avait fait, qui elle avait vu et ce qu'on lui avait dit. D'habitude, aussi, quand elle s'était couchée tard, elle avait institué qu'on supprimerait la leçon de littérature du lendemain. Mais, ce jour-là, elle annonça à Vermond qu'elle ne se sentait pas fatiguée et qu'elle voulait travailler normalement. Ils reprirent ensemble la lecture des *Mémoires* de Pierre de l'Estoile, le journal d'un citoyen de Paris pendant le siège de la ville sous Henri IV.

Mais après quelques paragraphes, l'esprit de Marie-Antoinette était ailleurs. Si ailleurs que quand Vermond, la voyant emportée par sa rêverie, s'arrêta de parler, il lui fallut un petit moment, presque une demi-minute, pour s'en rendre compte. Elle lui adressa un sourire confus.

– Pierre de l'Estoile ne vous intéresse plus, Altesse ?

– Si, si. Je me disais seulement que je me suis couchée trop tard. Je suis plus fatiguée que je ne le pensais...

– À quoi pensiez-vous ?

– À rien de spécial...

« À beaucoup de choses », traduisit Vermond.

Il chercha qui elle avait particulièrement rencontré les jours précédents. Il sonda Mercy qui avait assisté au bal masqué, embusqué sous un domino de couleur prune. Mais Mercy n'avait rien remarqué d'extraordinaire : la dauphine avait eu tout le succès qui lui était désormais habituel, le dauphin s'était comporté avec une bonhomie qui avait plu à tout le monde – on attribuait ce changement à la bonne influence de la dauphine –, les sœurs de Savoie avaient été comme de coutume renfrognées et dédaigneuses, du reste personne n'avait fait attention à leur présence... Vermond interrompit Mercy alors qu'il commençait à s'étendre sur le mal qu'il pensait des belles-sœurs de Savoie, chapitre sur lequel il pouvait être long.

– Avec qui Son Altesse a-t-elle dansé ?

– Avec ce jeune homme de Suède, là... le fils du feld-maréchal de quelque chose... de Fersen, à qui on lui avait justement recommandé de montrer quelques attentions. Ne trouvez-vous pas, cher ami, qu'elle se discipline et se forme de mieux en mieux aux obligations de son métier de reine ? Je suis très satisfait d'elle...

« Qu'elle se discipline et se forme de mieux en mieux aux obligations de son métier de reine... » Par moments, Mercy stupéfiait Vermond !... Il se demandait parfois comment ce diplomate roublard et expérimenté, souvent si fin pour déchiffrer l'esprit des gens, pouvait se montrer aussi obtus quand il s'agissait de Marie-Antoinette, ou du dauphin à propos duquel il s'obstinait à se tromper complètement... Comment avait-il pu se retourner les sangs pendant presque un an à propos du comte de Provence et ne rien comprendre à ce qui se passait sous ses yeux la veille à l'Opéra ? Il l'avait vu, lui, Vermond, ce jeune Fersen quand il était venu à Versailles : il était beau comme un prince viking !... Ah ça ! Marie-Antoinette avait trouvé une agréable façon de remplir les obligations de sa fonction...

Laissant Mercy à sa cécité, il s'interrogea sur ce qui allait maintenant arriver. Fersen était de passage. Bientôt, il repartirait. Ce serait sans doute bien triste pour Marie-Antoinette, mais, malheureusement, compte tenu de sa position, cela serait sans doute une bonne chose...

Les semaines qui suivirent, Marie-Antoinette parvint à revenir à deux reprises au bal de l'Opéra. Sans Louis ni Marie-Joséphine ; une fois dans l'hiver leur suffisait, et ils étaient l'un et l'autre d'accord pour préférer les amusements plus sérieux. Des amusements sérieux ? pensait Marie-Antoinette, les deux mots se contredisaient... Marie-Thérèse non plus n'avait pas souhaité revenir ; cet endroit empestait et on s'y ennuyait, disait-elle. Mais Charles-Philippe accompagnait Marie-Antoinette autant qu'elle le souhaitait. Le roi avait permis tout ce qu'on avait voulu. La chose semblait désormais entrée dans les habitudes.

Chaque fois, elle chercha des yeux Axel de Fersen, mais ne le trouva pas. Ses visites à elle en ce lieu n'étaient jamais annoncées, c'était même le principe du jeu. Il venait sans doute, mais à d'autres moments... Il aurait fallu que le hasard les serve.

Elle le revit pourtant à Versailles, en deux occasions, pendant les fêtes du carnaval auxquelles son ambassadeur l'avait fait inviter. Mais on n'était plus au bal de l'Opéra, dans cette liberté inouïe...

À Versailles, la maudite étiquette régnait. Il n'était pas question d'échanger un mot sans trente témoins pour en faire leur profit. Ni même de se regarder un peu longuement.

Il revint encore une fois au début du printemps. Pour faire ses adieux. Il devait terminer son voyage ; son père avait prévu qu'après Paris il irait voir Londres où il passerait l'été, puis il rentrerait en Suède.

– J'ai été heureuse de vous connaître, monsieur de Fersen, dit Marie-Antoinette.

C'était une formule polie tout à fait ordinaire dans le cadre d'une prise de congé officielle, mais elle en pensa chaque mot.

– Je remercie Votre Altesse pour ses bontés, et pour son accueil qui m'a fait aimer la France autant que mon propre pays, dit-il en levant ses yeux bleus comme un ciel de juillet.

M. Creutz, l'ambassadeur de Suède, ou Mercy n'auraient pas désavoué cette jolie phrase, très convenable en la circonstance, mais Axel, lui aussi, en avait pensé chaque mot.

Ils ne devaient jamais s'oublier.

Chapitre 19

UNE BOUGIE SUR L'APPUI DE LA FENÊTRE

Avec le retour des beaux jours, le roi se sentait mieux. Et plus il se tenait loin de la cour, mieux il ressentait cette amélioration. Il s'installa au Petit Trianon, sa maison de campagne au bout du parc de Versailles.

C'est Mme de Pompadour qui avait souhaité construire cette villa : on y serait à Versailles sans y être, et cette espèce d'ermitage allierait le luxe d'un petit palais à la tranquillité d'une résidence de vacances. Pour lui faire plaisir, Louis XV avait lancé la construction, mais la pauvre Pompadour était morte avant qu'elle ne soit terminée. Alors il avait offert la maison à Mme du Barry.

Ce printemps, il s'y était retiré avec sa compagne et ses amis les plus proches. Le duc d'Aiguillon venait souper et lui portait en même temps le courrier à signer. Dans cette solitude où on lui évitait tout souci, il lui semblait que son anxiété le quittait. Il retrouvait l'envie de faire des projets, d'aller à la chasse et de plaisanter à table. Mme du Barry avait même réussi à se débarrasser du chirurgien Lamartinière qu'elle avait renvoyé à Versailles. Elle trouvait qu'il avait une mauvaise influence : quand il était là, le roi passait son temps à se chercher et se découvrir des maladies.

Un des derniers soirs d'avril pourtant, sans qu'aucun événement fâcheux ne soit survenu, Louis XV sembla rechuter. Il ne mangea rien au souper, il trouvait un goût désagréable à tout. Le lendemain, pour s'obliger à se secouer, il fit préparer ses chevaux et ses chiens et partit pour une petite chasse dans les bois voisins, mais rapidement il dut mettre pied à terre et demander une voiture pour rentrer. Il avait un violent mal de tête. Il ne voulut rien manger ni boire. Il se coucha mais, même au lit, il ne pouvait trouver le repos. Il avait trop chaud, il avait froid, aucun lit ne lui convenait, l'anxiété le reprenait ; il erra d'une pièce à l'autre et finit la nuit sans avoir dormi, grelottant sur un sofa.

Pourtant, ni lui ni Mme du Barry ne souhaitaient appeler les médecins. Il voulait guérir seul, dans sa maison de campagne. Si l'on apprenait à

Versailles que le roi était malade, toute la volière de la cour se précipiterait à Trianon et ce malaise qui n'allait pas durer – il avait mangé quelque chose de malsain, voilà tout – deviendrait une affaire d'État.

Mais, vers midi, Lamartinière se présenta sans qu'on l'ait demandé. Des domestiques avaient parlé et Adélaïde avait pris sur elle d'envoyer le chirurgien. Il trouva le roi bien mal. Louis XV tenta d'expliquer qu'il se sentait déjà mieux et qu'il souhaitait rester encore un peu à Trianon pour achever de se rétablir, mais le vieux chirurgien ne voulut rien entendre.

– Sire, c'est à Versailles que le roi doit être malade, répondit-il.

À la nuit tombante, un lugubre cortège de carrosses ramena le roi à la maison, emmailloté dans des couvertures. La fièvre et les maux de tête étaient violents, mais c'étaient les seuls symptômes. Les médecins s'interrogeaient. Dans le doute, on décida de pratiquer une saignée. Les troubles ne s'améliorant pas, on en pratiqua une deuxième. Et l'on parla d'une troisième.

L'inquiétude qui régnait à Versailles devint tumulte. Le clan d'Aiguillon et du Barry, tremblant d'être réduit à néant par la mort du roi, se voulait apaisant et répétait dans tous les couloirs du palais que la maladie était bénigne. Mais... une troisième saignée ? Chacun savait que c'était signe qu'un coup de sang menaçait et que le malade pouvait être emporté à tout moment... Louis XV s'effraya réellement.

– C'est donc que je suis très mal ?... demanda-t-il.

La troisième saignée l'affaiblit beaucoup sans le soulager vraiment. C'est au cours de la nuit qui suivit, comme le roi reposait, que Lamartinière crut apercevoir à la lueur des bougies des rougeurs sur son front et son visage. Il demanda davantage de lumière et s'approcha de son malade. Des taches rouges étaient apparues, où se voyaient des boutons déjà formés.

« La petite vérole », murmura-t-il.

Et aussitôt, il s'interrogea : « Distincte, ou confluente ? »

La petite vérole était dite distincte quand les boutons étaient séparés les uns des autres, et confluente quand ils se rejoignaient et formaient des plaques. La forme confluente était la plus grave. Le médecin examina très longuement les lésions. Incontestablement, certains boutons tendaient déjà à s'étendre... « Confluente ! » conclut-il.

Dès qu'il connut la nature de la maladie du roi, Mercy envoya en grande urgence un rapport au chancelier de Marie-Thérèse : *Paris, le 1er mai 1774. La petite vérole s'est déclarée. Elle est confluente et paraît d'une qualité dangereuse, quoiqu'on cherche à persuader du contraire.*

Puis il vint s'installer à Versailles. Il prit une chambre dans un hôtel de la ville et ne quitta plus Marie-Antoinette. On était dans des circonstances où toute erreur de comportement pourrait lui être reprochée par la suite.

Il tenait de longs conciliabules avec Vermond. Mesdames s'étaient installées à demeure au chevet de leur père, prenant possession de l'organisation des soins. Marie-Antoinette devait-elle proposer de participer aussi ?

– Au risque qu'elle attrape une maladie mortelle ? demanda Vermond.

– Certes non ! Mon idée est qu'on fasse savoir qu'elle s'est proposée, mais surtout qu'elle n'y aille pas. Si le roi en réchappait, il ne faudrait pas qu'il apprenne que sa petite-fille a refusé de le soigner.

– Peut-être, proposa Vermond, pourriez-vous répandre le bruit que le dauphin, par prudence, lui a défendu de se joindre à Mesdames.

– Vous avez raison, je ferai ainsi. Il y a aussi le problème de la favorite : elle a été évincée de la chambre du roi par Mesdames. Dans les transes où elle se trouve, elle pourrait demander au dauphin et à la dauphine si elle doit quitter la cour ou rester...

– Encore une fois, si le roi en revient, et qu'il apprend que son petit-fils a chassé sa compagne de la cour dès qu'il a été malade...

– Il me semble, dit Mercy après un instant de réflexion, que le mieux serait que le dauphin réponde qu'il n'a pas d'ordre à donner du vivant de son grand-père.

– Je le dirai à la dauphine. Je crois que sur ce point, son mari l'écoutera.

Marie-Antoinette fut épouvantée à l'idée qu'on puisse lui demander de se joindre à ses tantes. Deux fois, elle et Louis avaient été autorisés – et dans son cas, elle aurait plutôt dit : obligée – à rendre visite au roi. Ce qu'elle avait vu dans cette chambre l'avait emplie d'horreur. Le roi somnolait, il semblait complètement absent, il n'avait pas ouvert les yeux pendant qu'ils étaient là et ne leur avait pas adressé un mot. Elle l'avait trouvé méconnaissable. Il était jaune comme un coing. Il avait tellement maigri en quelques jours qu'on ne reconnaissait plus son visage. Et le plus affreux était ces pustules dont il était couvert, rouge sombre, certaines noires... Mais le pire dans cette chambre royale était l'odeur ; une odeur atroce, indicible, qui l'avait assaillie dès son entrée ; même une charogne dans la forêt ne sentait pas comme cela... Elle n'avait pu se contenir et, par réflexe, avait sorti son mouchoir pour se protéger ; par miracle, tout le monde avait cru qu'elle pleurait et que le mouchoir lui était nécessaire pour s'essuyer les yeux, car, elle l'avait compris un instant plus tard, c'était bien le corps du roi qui répandait cette odeur... Et Mesdames, efficaces et agissantes, allaient et venaient dans cette chambre comme si rien ne les choquait. Sans aucune répugnance, elles touchaient le roi, l'installaient plus confortablement ou essuyaient avec un linge la salive qui coulait parfois au coin de ses lèvres ; elles lui parlaient avec tendresse, et aussi avec l'autorité des gardes-malades ; elles semblaient ne pas avoir conscience de l'odeur...

« Mais en plus, pensa Marie-Antoinette, elles risquent leurs vies !... »

Car Mesdames n'avaient jamais eu la petite vérole... Sur ce point, au moins, Marie-Antoinette n'était pas trop inquiète ; sa mère, Marie-Thérèse, avait fait inoculer[1] tous ses enfants... Toutefois, si elle l'avait pu, elle se serait enfuie au plus vite de cet endroit, moins par peur d'une contamination que par horreur de ce qu'elle voyait et sentait.

Dieu merci, Marie-Antoinette fut libérée de l'angoisse d'avoir à se montrer à la hauteur de l'héroïsme de ses tantes. Des gens raisonnables

1. Pour conférer l'immunité, on déclenchait la maladie chez un sujet sain à partir de sérosités prélevées sur un malade atteint d'une forme bénigne. L'inoculation variolique a représenté les débuts de la vaccination. La variole est le nom qu'on a donné par la suite à toutes les formes de petite vérole.

ordonnèrent que toute la jeune génération de la famille royale déménage et aille habiter dans l'aile du palais la plus éloignée de l'appartement du roi, afin de diminuer autant que possible le risque de contagion. Elle ne sut pas exactement qui avait décidé cette séparation. Pendant ces journées, on ne savait pas vraiment qui prenait les décisions ; ce furent sans doute Louis XV lui-même et Adélaïde, ou peut-être les médecins.

Car ce n'était pas la première fois que la petite vérole s'en prenait à la famille royale. Soixante ans plus tôt, à Versailles déjà, elle avait causé une hécatombe dont le souvenir épouvantait encore. En quelques jours, elle avait emporté le dauphin, la dauphine et l'aîné de leurs petits garçons. Presque en quelques heures tant ce drame avait semblé aller vite, la famille royale d'alors, si forte, si brillante, si pleine d'espoir en l'avenir, avait été réduite à un vieillard de quatre-vingts ans, le roi Louis XIV, et un enfant de deux ans qui allait devenir Louis XV.

Marie-Antoinette s'installa dans une chambre malcommode, aménagée à la hâte, qu'elle trouva absolument délicieuse du fait de son éloignement du centre du palais.

– Pourquoi mon mari et ses frères n'ont-ils jamais été inoculés ? demanda-t-elle à Vermond.

– Parce que leurs parents étaient ennemis de toute nouveauté. Je sais qu'ils étaient très pieux, j'imagine qu'ils pensaient que la maladie et la guérison sont des desseins de Dieu et que c'est une faute de vouloir s'en mêler... Et après leur mort, je suppose que votre grand-père n'a jamais pris le temps d'y songer.

– Pensez-vous que maman soit moins pieuse ?

– Non, elle est moins bête. Elle a pensé que si l'inoculation est efficace, c'est qu'elle entre dans les projets de Dieu pour les hommes. Et surtout, elle a montré une grande audace en vous soumettant tous à l'inoculation, car le risque existe : on n'est jamais complètement sûr que la maladie qu'on déclenche va prendre une forme bénigne.

Marie-Antoinette, en plongeant son regard à l'intérieur d'elle-même, découvrait avec étonnement qu'elle ne ressentait pas de chagrin. De la stupéfaction et de la peur, certainement, devant la rapidité avec laquelle le quotidien avait basculé. Du soulagement par-dessus tout depuis qu'elle était sûre de ne plus avoir à entrer dans la chambre du roi. Mais pas de peine, pas de douleur... Elle se demandait même si ce n'était pas de la sécheresse de cœur.

L'été précédent, sa mère l'impératrice avait été prise d'une syncope. Marie-Thérèse était restée un moment sans connaissance et avait dû être saignée. Quand elle avait appris cette nouvelle, Marie-Antoinette avait éclaté en sanglots violents qu'elle n'avait pas pu maîtriser. Elle avait passé plusieurs heures dans un état d'agitation incohérente, pleurant par accès, demandant sans cesse qu'on la rassure et qu'on lui répète que l'impératrice était maintenant hors de danger. Elle avait voulu partir immédiatement pour Vienne, ce qui n'avait pas été possible. Elle avait écrit à sa mère quatre lettres en trois jours, Mercy avait été obligé de dépêcher un courrier à cheval par jour. Et rien de tout cela n'avait été étudié ou fabriqué, à aucun moment elle ne s'était posé la question de l'attitude qu'elle devait avoir devant la cour... Elle se disait que si c'était Marie-Thérèse qui se trouvait aujourd'hui dans un lit, elle n'aurait pas d'autre désir que de se dévouer comme le faisaient Victoire, Adélaïde et Sophie. Elle s'apercevait qu'elle n'aimait pas Louis XV.

Mesdames montaient une garde vigilante autour de leur malade. Mme du Barry ne pouvait plus s'approcher du roi que lorsqu'elles s'absentaient toutes les trois ensemble, ce qui n'arrivait que de courts moments à l'heure des repas, car même pour se reposer elles se relayaient. Mais le duc d'Aiguillon veillait sur la porte de l'appartement du roi avec autant d'énergie que Mesdames à l'intérieur ; et, chaque fois que les filles de France sortaient, il faisait rentrer la compagne du roi.

Toutefois, Louis XV voyait venir le moment où les prêtres allaient exiger de lui le sacrifice de la favorite. Ils allaient mettre l'enfer dans la balance. Pour un pardon entier et officiel, ils allaient lui demander comme preuve de son repentir le renvoi fracassant de Mme du Barry...

– Que va devenir cette pauvre femme ? demanda-t-il à mi-voix au duc d'Aiguillon.

Le corps du roi était entièrement noir, il avait tellement maigri qu'il ressemblait déjà plus à une momie qu'à un être vivant. D'Aiguillon savait que tout était maintenant perdu pour lui. Mais il entendait tout perdre avec panache.

– Du moment qu'elle s'éloigne de Versailles, Sire, le lieu importe peu. Qu'elle vienne chez moi, à Rueil[1].

– Ils ne s'en contenteront pas. Ils la voudront à l'autre bout du royaume, ou dans un couvent...

Le duc fronça les sourcils, l'air sombre.

– Ils devront bien s'en contenter, Sire. Comptez sur moi. Je vais leur parler.

Après tout, tant que le roi vivait, il était encore le chef du gouvernement de ce pays et le maître des décisions... Et, en effet, après une explication orageuse avec l'archevêque de Paris, l'Église céda, on se contenterait de Rueil...

1. Aujourd'hui Rueil-Malmaison, à l'ouest de Paris.

Le lendemain, Mme du Barry pénétra la tête haute chez le roi. Elle s'assit à son chevet et lui prit la main avec tendresse.

– Sire, demanda-t-elle avec cette légèreté incomparable qu'elle avait toujours su montrer avec lui, que dites-vous de ces dévots qui veulent que vous receviez les sacrements alors que vous entrez en convalescence ? Je vous conseille de leur donner satisfaction... Je vous laisserai pendant ce temps et, dans quelques jours, je viendrai vous retrouver.

– Madame, murmura Louis XV, soyez sûre que j'aurai toujours pour vous l'amitié la plus tendre.

Ce fut tout. Pas d'adieu. Pas de drame. Mme du Barry et le duc d'Aiguillon venaient de rendre à Louis XV l'immense service d'une séparation digne. Et ils lui avaient ôté le remords d'avoir à chasser lui-même sa meilleure amie.

Mme du Barry partie, la place était entièrement libre pour la religion. Dans une grande parade de dorures et d'encens, le Saint-Sacrement fut amené au roi. Il confessa tout ce qu'on voulut. Il n'avait plus la force que de murmurer, mais, pour l'édification générale, le grand aumônier répétait d'une voix forte ses paroles. Oui, il était fâché d'avoir causé du scandale à ses sujets. Oui, il voulait vivre désormais pour le soutien de la foi et de la religion... Les églises furent laissées ouvertes jour et nuit. On ordonna des prières publiques. Les moines de l'abbaye Sainte-Geneviève ouvrirent la châsse[1] de la sainte, ce qui ne se faisait que dans des circonstances exceptionnelles, exposant à la piété publique les vénérables restes de la protectrice de Paris. Mais l'on ne pouvait pas dire que les fidèles se bousculaient aux prières ou devant les reliques. On en avait assez de ce règne qui n'en finissait pas de finir, et de ce vieux roi mélancolique enfermé dans ses palais. La possibilité d'un changement, d'un roi jeune, d'un redémarrage de l'Histoire, excitait la curiosité et n'encourageait pas la dévotion.

Le lendemain, le bruit courut que le roi allait mieux. Il avait dormi calmement et la fièvre était moins forte. Il avait passé le cap du onzième jour que les médecins annonçaient comme fatidique. Le miracle aurait-il eu lieu ? L'effet de cette nouvelle fut de lancer une file de carrosses sur la route de Rueil. On avait compris ces derniers jours que le roi aimait Mme du Barry infiniment plus que ce que l'on avait cru jusque-là. Si le roi guérissait, elle reviendrait, plus puissante que jamais. C'était le moment de garder la tête froide et d'avoir de bons réflexes.

C'était une fausse nouvelle. Si le roi était calme, c'est qu'il s'éteignait. Toutefois, quelqu'un nota sur

1. Le coffre renfermant les reliques de la sainte.

une page de carnet la liste des quinze carrosses, dont les portières portaient les armoiries de leurs propriétaires, qui s'étaient rendus à Rueil, ce matin du 8 mai. Louis, le dauphin, avait toujours eu du goût pour les listes, les notes et les petits bouts de papier. Il ne savait pas encore ce qu'il ferait de ces quinze noms, mais il savait qu'il s'en souviendrait.

Le 9 mai s'écoula. Le roi avait perdu connaissance. Son corps sentait si horriblement mauvais qu'on avait laissé ouvertes toutes les fenêtres du bâtiment. Les courtisans, et même les médecins, avaient déserté l'appartement. Ils préféraient attendre dans des salons plus lointains. Il ne restait plus auprès de Louis XV que Mesdames et quelques domestiques patients. On avait placé une bougie allumée sur l'appui d'une fenêtre du premier étage. Il était convenu qu'on l'éteindrait quand le roi aurait cessé de respirer. Dans la cour du palais, des dizaines de courriers à cheval, publics et privés, attendaient ce signal pour partir sur les routes porter la nouvelle du changement de règne. Enfin, le 10 mai, à trois heures et quart de l'après-midi, quelqu'un souffla la bougie.

Chapitre 20

LE PRINTEMPS DU RÈGNE

Dans les minutes qui suivirent le dernier souffle de Louis XV, il y eut dans les couloirs de Versailles une ruée des courtisans qui étaient restés jusqu'au bout. Tout le monde courait vers le lointain appartement où s'étaient réfugiés le dauphin et la dauphine, qui étaient désormais le roi Louis XVI et la reine Marie-Antoinette. Chacun voulait être le premier à les saluer. Le duc de la Vrillière, responsable de la Maison du roi, parvint pourtant à se placer devant leur porte et interdire l'entrée à tous ceux qui avaient approché Louis XV pendant sa maladie.

Ceux qui eurent le droit de les voir furent émus par ces deux enfants, si jeunes encore, serrés l'un contre l'autre, les yeux pleins de larmes, effarés de ce qui leur arrivait... La cérémonie fut rapide. On les complimenta depuis le seuil et, contrairement au rite, personne ne fut autorisé à baiser la main du roi.

Cette rapide célébration effectuée, ce fut la déroute, la débandade, l'abandon généralisé. La cour quittait le navire. On ne s'occupa plus que de fuir Versailles, chacun de son côté, comme si la maison brûlait. Tant que Louis XV respirait, l'étiquette interdisait de partir. Mais maintenant, si l'on voulait assister au règne de Louis XVI, rien n'était plus important que de s'en aller le plus loin possible de la contagion. Dans la grande cour et près des écuries, on ne voyait que des voitures qui attelaient en toute hâte.

Louis XVI et Marie-Antoinette furent parmi les premiers à partir. À quatre heures, ils étaient déjà en route pour Choisy-le-Grand, un village au bord de la Seine où Louis XV – donc maintenant, eux – avait possédé un château de campagne. Mesdames, qui s'étaient plus exposées que quiconque, furent isolées dans une voiture fermée et expédiées aussi à Choisy. Il y avait à Choisy un « grand château » et un « petit château » indépendant, à l'extrémité du parc. Elles s'enfermèrent dans le petit château en attendant de voir si les signes de la terrible maladie se développaient chez elles.

Une heure après la mort de Louis XV, Versailles était abandonné. Dans les appartements désertés, les portes des armoires et les tiroirs des commodes restés ouverts témoignaient de bagages faits dans la panique... Dans la peur qui saisissait maintenant les derniers attardés, personne ne voulait toucher, ni même approcher, le corps du roi. On ne trouva que les vidangeurs de la ville pour consentir, contre un fort salaire, à le mettre dans son cercueil.

Le cercueil scellé, on le chargea à la hâte dans un carrosse à six chevaux, direction le caveau des Rois, à Saint-Denis. Dans la nuit, à la lumière des torches, le cortège de Louis XV parcourut au grand galop et pour la dernière fois la route de la Révolte. Il n'y eut pas de cérémonie, pas de funérailles, pas un membre de sa famille n'était là. On prononça une rapide bénédiction et on referma la porte de la tombe. Fin de Louis XV le Bien-Aimé.

Le chagrin n'étouffait pas les Parisiens. Pour plaisanter, on fit remarquer à l'abbé de Sainte-Geneviève que ses reliques avaient apparemment perdu de leur efficacité.

– De quoi vous plaignez-vous ? répondit-il. Le roi n'est-il pas mort ?

À Choisy, comme isolés du monde, Louis XVI et Marie-Antoinette vivaient les premiers jours de leur règne. La cour avait disparu, éparpillée comme une volée de moineaux paniqués. Il était interdit à toute personne ayant approché Louis XV pendant sa maladie de pénétrer auprès d'eux.

« Il était temps d'y songer... », pensa Vermond.

La plupart des dames de Marie-Antoinette avaient quitté leur poste. Elles avaient prétendu être entrées dans l'appartement de Louis XV, ce qui était en général faux. Elles cédaient seulement à l'affolement commun et fuyaient devant la maladie mortelle. Marie-Antoinette le savait bien mais ne leur en voulait pas. Elle en aurait fait autant à leur place. Elle était servie par de nouvelles femmes de chambre, recrutées autour de Choisy.

Dans les premières heures, elle avait écrit son désarroi à sa mère et à son frère. *« Mon Dieu, qu'allons-nous devenir ?... Ma bonne mère, ne ménagez pas vos conseils à vos malheureux enfants. » « Je compte sur votre tendresse, mon cher frère, dans la grave circonstance où je me trouve. Je ferai toujours mon devoir, mais j'ai besoin de le connaître... »*

Mais la solitude de Choisy, cette espèce de retraite, lui convenait bien. Elle était déjà venue pour des fêtes données par Louis XV, mais alors on ne restait jamais longtemps ; on arrivait, le roi chassait dans la forêt de Sénart, on repartait... Elle n'avait jamais mesuré à quel point ce château était grand et tranquille. Et comme il était proche de la Seine. Le fleuve coulait presque au pied de la terrasse, à cent pas tout au plus. Ce voisinage avait le don de la tranquilliser. Depuis le Danube de son enfance, elle avait toujours aimé les fleuves. Libérée de l'étiquette, presque seule, elle passait de longs moments à se promener. La large rivière coulait sans bruit ; il faisait très beau ; elle venait de vivre à Versailles une sorte de réclusion ; petit à petit, il lui semblait que la stupeur et la frayeur qui l'avaient saisie le jour de la mort de Louis XV s'apaisaient.

Elle regardait souvent le « petit château » où Mesdames étaient enfermées. Les volets du rez-de-chaussée restaient clos jour et nuit. Aux heures chaudes de la journée, il arrivait qu'on entrouvre une ou deux fenêtres à l'étage et, pour cette raison, on lui avait recommandé de ne pas s'approcher du petit château. Elle pensait aux trois prisonnières. À quoi pouvaient-elles occuper leurs journées ? Et dans quelle angoisse ne devaient-elles pas vivre, redoutant en permanence de se découvrir une éruption sur la peau ?... Si la maladie se déclenchait, tout le monde s'accordait pour prédire qu'à leur âge, elles en mourraient. Marie-Antoinette se disait que, peut-être, elle ne les reverrait pas, et que plus jamais elle n'aurait la possibilité de leur dire comme elle avait admiré leur courage au chevet de Louis XV, et combien elles lui étaient chères...

Louis XVI, plus que jamais, se protégeait derrière son silence. Les ministres n'avaient le droit de communiquer avec lui que par écrit. Mais cette quarantaine le servait : personne ne pouvait lui arracher de décision en le noyant sous les arguments.

Il fallait nommer un nouveau gouvernement, mais qui mettre à sa tête ? Il n'avait jamais assisté à un conseil, il se savait plus ignorant des affaires que le dernier garçon de bureau de son administration... Dans l'immédiat, il laissait le duc d'Aiguillon et son équipe conduire les affaires. Mais il était bien sûr d'une chose : cela ne durerait pas. Le 12 mai, deux jours après la mort de son grand-père, il signa son premier ordre. Une lettre de cachet[1]. Ordre était donné à Mme du Barry, pour raison d'État, de se rendre à l'abbaye de Pont-aux-Dames, avec défense d'y voir qui que ce fût ni d'écrire à personne, et d'y rester aussi longtemps qu'il plairait au roi.

Le duc de la Vrillière, la mort dans l'âme car il aimait la favorite, se rendit à Rueil. Sans oser la regarder, il lui remit l'ordre qui la concernait. Elle lut, et s'exclama avec colère :

– Le beau foutu règne, qui commence par une lettre de cachet !...

Puis il fallut bien obéir et faire les malles. Le duc de la Vrillière la regarda partir avec une profonde

1. Ordre d'incarcération émis directement par le roi, qui n'a pas besoin d'être validé par un juge.

tristesse. Elle partait seule, accompagnée d'une seule femme de chambre. Un second carrosse la suivait, transportant deux policiers chargés de la convoyer. Quel chagrin !... Dire qu'il avait si souvent soupé chez elle, à Versailles et à Louveciennes. Le temps de Louis XV, si joli, gracieux comme les tableaux de Watteau et de Boucher, était bien fini...

– C'est donc un endroit aussi peu riant, Pont-aux-Dames ? demanda son secrétaire.

– L'abbaye date du XIIIe siècle, c'est dire comme elle est gaie... Elle est au fond d'une vallée, dans des bois, au bord du Morin... Pauvre madame du Barry ! Elle va bien regretter son petit temple de l'amour de Louveciennes...

Mercy et Vermond étaient à Choisy auprès de Marie-Antoinette ; hommes prudents, pendant la maladie du vieux roi, ils n'avaient pas même approché le corps de bâtiment central de Versailles.

Pendant les derniers jours de Louis XV, Vermond s'était transformé en rempart de Marie-Antoinette. Personne n'avait pu se présenter à la porte de la chambre de la dauphine sans se heurter à lui. Il avait réussi à empêcher toute visite. Avant tout pour protéger Marie-Antoinette de la contamination. Et aussi pour empêcher qu'on commence à lui soutirer des promesses de places et de faveurs. Il la connaissait, elle était à peu près incapable de dire non. Il s'était fait en dix jours un nombre incroyable d'ennemis, mais cela lui était indifférent.

Mercy était dans les transes. Il avait la certitude que l'avenir du règne se jouait pendant ces journées à Choisy. Pour lui, Marie-Antoinette devait impérativement s'emparer de l'autorité que Louis XVI n'exercerait jamais lui-même. Mais il fallait s'imposer tout de suite, à l'instant même, après il serait trop tard, quelqu'un d'autre aurait pris la place... Mesdames, ou le comte et la comtesse de Provence... Marie-Joséphine avec ses airs de sainte-nitouche était beaucoup plus dangereuse qu'il n'y paraissait. C'était une vraie Piémontaise, sournoise et rusée ; avec son mari, ils faisaient bien la paire... Elle avait déjà commencé à se rapprocher du dauphin, enfin du roi... Elle le flattait en prétendant partager ses goûts simples... L'acte de pouvoir décisif de Marie-Antoinette devait être le choix du premier ministre ! Elle devait imposer un homme fort et favorable à l'Autriche. Mais, mort de tous les diables ! que faisait-elle ? Au lieu de profiter de ce moment d'isolement avec Louis XVI – rarissime, peut-être unique dans leur vie – elle se promenait, les yeux dans le vague, en regardant couler la Seine...

Mort d'angoisse, il la poursuivait, la pourchassait dans ses promenades, voulait sans cesse l'envoyer auprès de son mari... « Majesté... Le roi... Le premier ministre... L'alliance franco-autrichienne... »

Après quelques jours de cette poursuite, elle finit par lui répondre :

– Mais enfin, monsieur de Mercy, j'ai essayé de parler au roi autant de fois que vous me l'avez demandé, vous voyez bien que cela ne marche pas : il ne m'écoute pas ! Que voulez-vous que je fasse de plus ?

Du reste, elle s'en moquait du premier ministre, du moment que la clique d'Aiguillon-du Barry disparaissait... En revanche, Louis lui avait permis de composer elle-même sa nouvelle maison, et ça c'était passionnant. Jamais elle n'avait disposé d'une telle indépendance. Elle réfléchissait à ses choix, commençait à dresser des listes...

Vermond tentait tant bien que mal d'expliquer à Mercy que ses rêves ne verraient jamais le jour. Parce que Marie-Antoinette n'avait pas deux sous d'autorité naturelle, très peu de goût pour le pouvoir, et encore moins pour les efforts qu'il faudrait fournir pour s'y investir. Et parce que le jeune Louis XVI avait une certitude : il ne laisserait jamais ni sa famille française ni sa belle-famille autrichienne se mêler de ses affaires.

Et voilà que Mesdames tombèrent malades. D'abord Sophie. Puis Adélaïde.

– La forme est-elle confluente ? demanda Marie-Antoinette qui en trois semaines était devenue une experte des diverses formes cliniques de la petite vérole.

– On ne le sait pas encore, Majesté, lui répondit-on.

Louis XVI décida de s'éloigner encore une fois de la maladie. On laisserait Mesdames à Choisy et ils iraient s'établir dans une autre des anciennes maisons de campagne de Louis XV, celle de la Muette.

À Choisy, l'atmosphère avait été à la solitude, presque au recueillement ; à la Muette, elle se détendit irrésistiblement. Loin de Versailles, loin de Mesdames, on oubliait d'être inquiet. Marie-Antoinette et ses belles-sœurs se promenaient dans les prés, s'asseyaient dans l'herbe, allaient regarder traire les vaches et mangeaient des fraises et de la crème, assises ensemble – au diable l'étiquette, vive l'amitié ! – sur un banc de bois.

Le public parisien, enchanté de voir le jeune couple royal établi si près de Paris, se pressait aux limites du parc. Louis XVI, plus audacieux qu'il ne l'avait jamais été, s'enhardissait jusqu'à prendre la main de sa femme en public. Il arriva même qu'il lui dépose sur les joues de gros baisers d'homme heureux.

Marie-Antoinette, peu à peu, prenait conscience de l'immense liberté qui allait désormais être la sienne. Elle était la reine. La reine... Elle avait encore du mal à se faire à ce mot. La reine de France... Quand on l'appelait « Majesté », elle oubliait souvent que c'était à elle qu'on parlait.

Elle comprenait soudain que la dictature de la du Barry et de son clan était terminée, et avec elle toutes les humiliations qu'elle avait subies. En quelques jours, ces gens qui avaient eu la puissance de la France entre leurs mains avaient été balayés. Ils avaient disparu.

« En vérité, se disait Vermond quand il considérait la rapidité de cet effondrement, c'est effrayant. »

Vermond avait vivement conseillé à Marie-Antoinette de demander la grâce de Mme du Barry. Cet emprisonnement, disait-il, était vil, mesquin et absurde. Quel mal Mme du Barry pouvait-elle aujourd'hui faire à qui que ce soit ? Pour qui était-elle une menace ? Était-il vraiment nécessaire de salir les premiers jours du règne par une vengeance si misérable ? Marie-Thérèse avait écrit pour demander la même chose : *J'espère apprendre bientôt que le roi a traité la malheureuse Barry avec générosité et humanité...*

Oui, répondait Marie-Antoinette, elle demanderait l'indulgence pour la du Barry... Mais elle ne se pressait pas de le faire. Elle trouvait de bonnes excuses pour remettre la chose : Louis avait tant de soucis, il ne fallait pas l'accabler de demandes, il ne fallait pas le brusquer car il pouvait se montrer très obstiné quand il n'aimait pas quelqu'un... En vérité, une part d'elle-même ne pouvait se défendre d'éprouver de la satisfaction à l'idée que l'ancienne favorite était en pénitence, elle lui en avait tellement fait voir... Oui, elle demanderait l'indulgence pour la Barry... Mais plus tard.

Marie-Antoinette découvrait aussi qu'elle et Louis avaient désormais beaucoup beaucoup plus d'importance que les couples Provence et Artois. Jusqu'alors, ils avaient été « la jeune famille royale ». Trois ménages presque interchangeables. S'il arrivait quelque chose à l'un des couples, on pouvait en mettre un autre à la place. Désormais, c'était fini. Louis était investi de la totalité du pouvoir. Ses frères n'en avaient aucun.

Elle savait depuis ses sorties à Paris qu'elle et Louis étaient populaires. À la Muette, elle en avait tous les jours la confirmation. Chaque fois qu'elle s'approchait des limites du parc, le public qui stationnait là dans l'espoir de l'apercevoir lui adressait des saluts et des bénédictions. Parfois, on l'appelait par son prénom. Et parfois même « Antoinette » tout court, comme quand elle était petite à Schönbrunn... Quand, devant l'église de

Passy, Louis lui prenait la main comme un bon bourgeois qui va à la messe avec sa femme le dimanche, c'était un délire d'enthousiasme.

Le roi avait vingt ans, la reine dix-huit, ils ne savaient rien ni l'un ni l'autre, mais tous ces gens qui les applaudissaient avaient l'air de penser que cela n'avait aucune importance. Ils avaient fait distribuer deux cent mille francs de leur cassette personnelle aux pauvres et le bruit courait que le prix du pain allait diminuer.

Une jolie formule circulait, qui plaisait beaucoup à Marie-Antoinette ; on appelait ce beau mois de juin : « le printemps du règne ».

Petit épilogue

Mesdames ne moururent pas. Elles étaient solides. Leurs maladies furent graves mais elles s'en relevèrent et, trois mois plus tard, elles étaient de retour à la cour.

Mme du Barry resta dix-huit mois à l'abbaye de Pont-aux-Dames. Les premières semaines dans le sombre bâtiment gothique furent tristes. Mais Mme du Barry, avec la résistance d'une ancienne petite fille pauvre, ne s'effondra pas. Privée de lettres, privée de visites, elle ne s'apitoya pas sur elle-même, elle s'adapta. Elle se plia à la vie monastique, s'intéressa aux sœurs, s'introduisit dans leur intimité et gagna leurs cœurs.

Dès l'automne, ses anciens amis de la cour, malgré l'interdiction, vinrent lui rendre visite en catimini. Louis XVI, averti, laissa faire. Puis deux de ses amies prirent des chambres à l'abbaye pour partager sa réclusion. Son architecte de Louveciennes s'installa pendant un temps afin de lui aménager un appartement confortable.

Enfin, en janvier de 1776, Louis XVI céda aux demandes qu'on lui faisait et autorisa la compagne de son grand-père à quitter l'abbaye. Il est vrai que de nombreux membres de sa cour se rendaient régulièrement à Pont-aux-Dames, et sans plus s'en cacher du tout désormais, ce qui était peu flatteur pour son autorité. Mme du Barry put regagner son « cher Louveciennes ». Ce furent les religieuses de Pont-aux-Dames qui furent bien tristes.

Clotilde épousa Charles-Emmanuel de Sardaigne en 1775.

DU MÊME AUTEUR

Aux éditions Flammarion

GRAND FORMAT

Marie-Antoinette, Le Jardin secret d'une princesse (tome 1)

Marie-Antoinette, À la cour de Versailles (tome 2)

Atalante, La Fille de la déesse

CASTOR POCHE

François Ier contre l'affreuse secte (n°697)

Mon ami Louis (n°887)

Une princesse à Versailles (n°950)

Course contre le Roi-Soleil (n°1012)

Aux éditions Casterman

GRAND FORMAT

Joséphine de Lavalette

Composition et mise en page

NORD COMPO
multimédia

Imprimé en Italy
Dépôt légal : mai 2008
N° d'édition : L.01EJEN000224N001

Loi n° 49-956 du 16 juillet 1949 sur les publications destinées
à la jeunesse